U0536573

写给孩子的
国学启蒙
经典故事

智临 编著

幼学琼林

中国书籍出版社
China Book Press

图书在版编目（CIP）数据

幼学琼林 / 智临编著 . — 北京：中国书籍出版社，2022.10

（写给孩子的国学启蒙经典故事）

ISBN 978-7-5068-9209-4

Ⅰ . ①幼… Ⅱ . ①智… Ⅲ . ①古汉语－启蒙读物 Ⅳ . ① H194.1

中国版本图书馆 CIP 数据核字（2022）第 183390 号

幼学琼林

智临　编著

责任编辑：	王志刚
责任印制：	孙马飞　马　芝
责任校对：	朱林栋
封面设计：	书心瞬意
出版发行：	中国书籍出版社
地　　址：	北京市丰台区三路居路 97 号（邮编：100073）
电　　话：	（010）52257143（总编室）　　（010）52257153（发行部）
电子邮箱：	chinabp@vip.sina.con
经　　销：	全国新华书店
印　　刷：	唐山楠萍印务有限公司
开　　本：	880 毫米 ×1230 毫米　　1/32
字　　数：	450 千字
印　　张：	30
版　　次：	2022 年 10 月第 1 版　2022 年 12 月第 1 次印刷
书　　号：	ISBN 978-7-5068-9209-4
定　　价：	228.00 元（全 6 册）

版权所有　翻印必究

目录 CONTENTS

混沌初开，乾坤始奠。 ············· 1
    混沌开七窍 ························· 2

望切者，若云霓之望； ············· 7
    爱民如子的唐太宗 ················· 8

参商二星，其出没不相见； ······· 11
    牛郎织女 ·························· 12

心多过虑，何异杞人忧天； ······· 17
    杞人忧天 ·························· 18

沧海桑田，谓世事之多变； ······· 22
    沧海桑田 ·························· 23

以蠡测海，喻人之见小； …………… 27
    精卫填海 …………………………… 28

端阳竞渡，吊屈原之溺水； …………… 33
    重阳节的传说 ……………………… 34

以术愚人，曰朝三暮四； …………… 38
    朝三暮四 …………………………… 39

韶华不再，吾辈须当惜阴； …………… 43
    司马光勤学惜时 …………………… 44

孙膑吴起，将略堪夸； …………… 48
    孙膑围魏救赵 ……………………… 49

韩信将兵，多多益善； …………… 54
    毛遂自荐 …………………………… 55

胆破心寒，比敌人慑服之状； …………… 60
    风声鹤唳 …………………………… 61

韩信受胯下之辱， 65
韩信忍胯下之辱 65

求士莫求全， 70
李斯谏逐客 71

毛义捧檄，为亲之存； 75
朱寿昌弃官寻母 76

煮豆燃萁，谓其相害； 80
曹植七步成诗 81

胶漆相投，雷义之与陈重； 85
莫逆之交 86

蔡邕倒屣以迎宾， 90
曹操请荀彧 91

谗口中伤，金可铄而骨可销； 95
莫须有罪名 96

赵子龙一身是胆， ……………………… 100
三国名将赵子龙 ……………………… 101

已有十年不屈膝，惟郭公能摄强藩； …… 104
陶渊明不为五斗米折腰 ………………… 105

西子捧心，愈见增妍； ………………… 109
东施效颦 ………………………………… 110

狐裘三十年，俭称晏子； ……………… 112
石崇与王恺斗富 ………………………… 113

千金之裘，非一狐之腋； ……………… 118
宋太祖教女节俭 ………………………… 119

登龙门，得参名士； …………………… 123
鲤鱼跳龙门 ……………………………… 124

铭心镂骨，感德难忘； ………………… 128
结草报恩 ………………………………… 129

管中窥豹，所见不多； ·············· **133**
夜郎自大 ·············· 134

当知器满则倾， ·············· **137**
曾国藩藏锋保身 ·············· 138

孟尝廉洁，克俾合浦还珠； ·············· **143**
孟尝还珠 ·············· 144

混沌初开，乾坤始奠。
气之轻清上浮者为天，
气之重浊下凝者为地。

译文

混沌的宇宙，一经开辟，天地阴阳便有了定位。轻盈澄清的元气向上浮升而形成了天，厚重混浊的部分凝结在下面就形成了地。

故事链接

混沌开七窍

很久以前,天地一片混沌,清的和浊的大气混在一起,不断地变化着。其中自然也有很多怪异的生灵,这些怪异的生灵不仅习惯了混沌和黑暗,有许多还化为了神。

混沌就是这样一个神,它的形体像黄囊,和大象的躯体一样庞大,但是比大象多两条腿;它的六只脚像熊掌,却不像熊掌那样坚实。它的皮色是红色的,像丹火一样;背上长了四个翅膀,有像狗一样

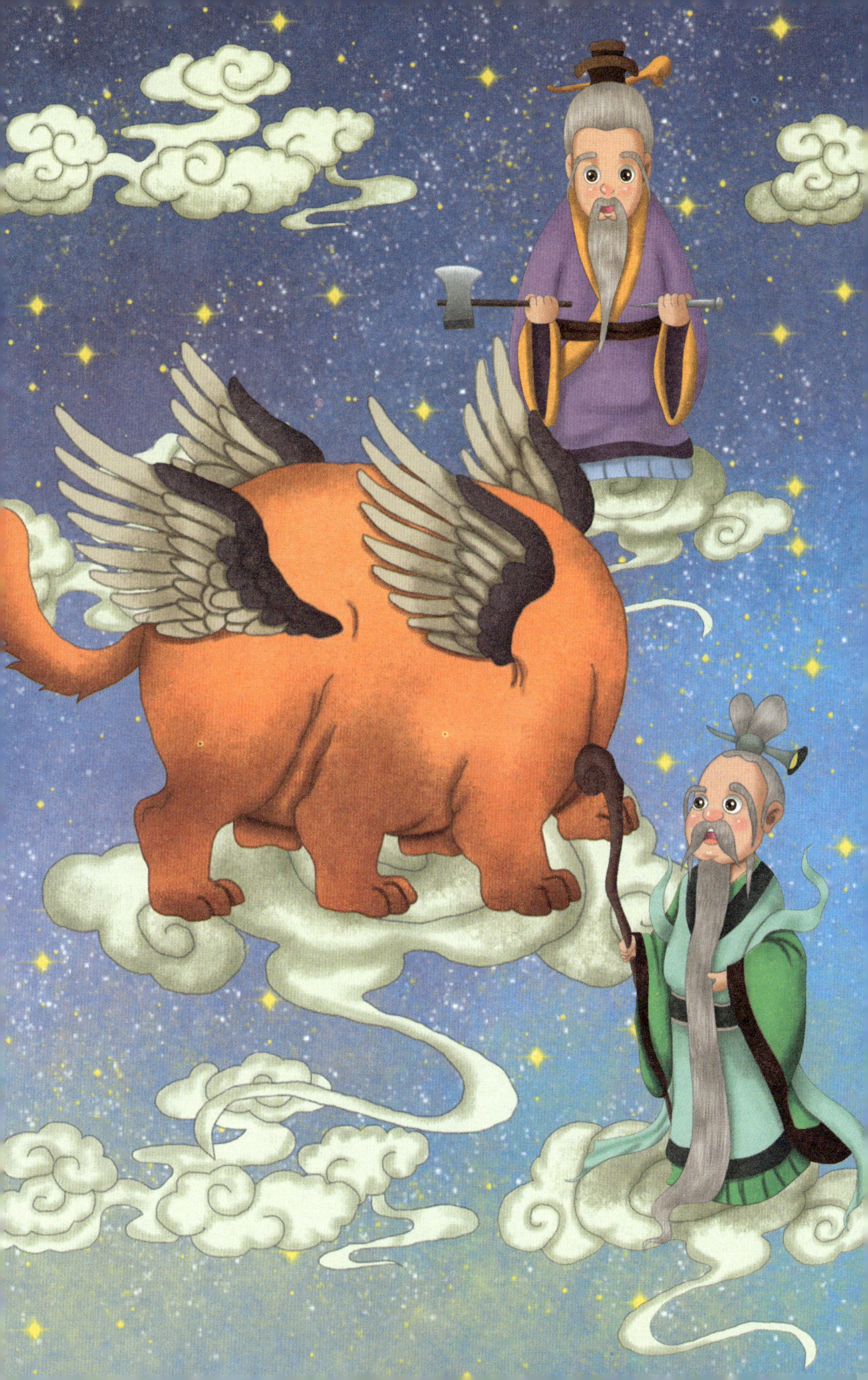

的尾巴。它没有面部，更没有耳目口鼻。但他却能欣赏歌舞，能听得懂混茫中的声音，能判断出从自己身边经过的是好人还是恶人。

有一天，生活在海里的两个神路过天山时看见了混沌，就来和它说话。混沌能听懂他们的话，也待他们很友好。两个神都深深地为混沌感到遗憾，因为混沌和他们不一样。混沌没有眼耳口鼻，他们想不出混沌是怎么在天地之间生存的。他们决定帮助混沌。于是，他们用斧头、凿子等工具为混沌凿开了七窍。

两位神对混沌说："混沌呀，我们的好朋友，我们知道你是蕴涵了天地精华的神，靠亿万年和天地的亲密接触，你也能听到和感知到事物。但是你知道吗？天地中的生物都是有眼耳口鼻的。眼睛能把世界看得清楚；耳朵能更好地听见世间万物的涌动；有了口可以尝到天地精华孕育的美味；鼻子能分辨百味……"

"真的吗？经你们这么一说，我还真的有点动心，虽然在天地的怀抱生活了这么多年，但天地到底是什么样子，我还真不知道。"

"那就允许我们给你开凿出七窍好吗？"

"好吧，那我就能感受到七窍的神奇力量了！"

两位热心的神先用两天的时间在混沌前面两个翅膀和两条前腿之间比较平的部位凿出了两只眼睛；接下来两天他们又在眼睛的下部凿出了两个鼻孔；第五天他们又在混沌的鼻子下面凿出了一个嘴巴；第六天和第七天他们又在混沌的眼睛和左右下方分别凿出了两只耳朵。

七天过去了，混沌拥有了七窍，然而随着七窍的开凿，混沌体内蕴涵的天地精华也不断地向外飘散。又过了七天，混沌逐渐与天地化为一体了。

望切者,若云霓之望;
恩深者,如雨露之恩。

译文

期盼的心情非常殷切,就好比大旱之年企盼天空出现会降雨的云;恩德非常深厚,就如同世间万物得到雨露的滋润。

故事链接

爱民如子的唐太宗

作为统治者，只有亲近民众，了解民情，体察民间的疾苦，为百姓排忧解难，才能受到百姓的爱戴，得到百姓的拥护。唐太宗李世民，正是因为爱民如子，才深受后人的尊崇。他经常说一句话："君者舟也，庶人者水也，水则载舟，水则覆舟。"意思是说百姓既能拥护朝廷，也能颠覆朝廷，所以要十分重视百姓的力量。

正是因为唐太宗心里有着"存百姓"的

理念，所以他在位期间总是极力安抚百姓。

唐太宗认为，天下历经战乱之后，应该让百姓休养生息。唐太宗说："治国与养病一样。病人感觉到病情好转时，就要好好地保养，如果不能保养好，就会殒命。治国也是同样的道理。现在天下刚刚安定，君臣应当兢兢业业，谨慎行事，如果骄奢淫逸，国家就一定会败亡。"为此，唐太宗一再向群臣表示要实行轻徭薄赋、劝课农桑等措施，以实现清静抚民的方针。

唐太宗不但注意轻徭薄赋，还下令停建亭台楼阁，释放宫人。对于必须建设的工程，唐太宗也不允许滥用民力。此外，唐太宗裁并州县，精简吏员，完善府兵制，节

约了财政开支,从而减轻了农民的负担。

正是由于唐太宗体察民情,轻徭薄赋,使百姓得到了实惠,所以百姓的生产积极性大大提高了,生产状况也迅速得到好转。到贞观后期,社会经济已得到了恢复和发展,唐朝的统治也得到了巩固。

参商二星,其出没不相见;
牛女两宿,惟七夕一相逢。

译文

参星与商星,它们出没天际的时间不同,互不相见;牛郎星和织女星,只有在每年七月初七的夜晚才能相会。

牛郎织女

从前有一个放牛的年轻人,大家都叫他牛郎。牛郎从小父母双亡,十几岁的时候,哥嫂就和他分家了,牛郎只分得一头老牛。牛郎并不知道,这头老牛原是天上的金牛星。

一天,老牛突然开口说话了,它说:"牛郎,今天你去碧莲池一趟,那儿有仙女正在洗澡,你把那件红色的仙衣藏起来,穿那仙衣的仙女就会成为你的妻子。"牛郎见老牛口吐人言，又奇怪又高兴。

牛郎按照老牛说的，来到碧莲池，果然看到许多美丽的女子在那里嬉戏洗澡，岸边有她们脱下的衣服。他找到那件红色的衣裳后，便把它藏在水边的芦苇里。仙女们洗完澡，见时候不早了，纷纷穿上自己的衣裳，像飞鸟般地飞走了，只剩下一个没有衣服无法离开的仙女，她的名字叫织女。织女是王母的外孙女，她的工作是用一种神奇的丝在织布机上织出层层叠叠的美丽云彩，并随着时间和季节的不同而变幻它们的颜色。这种云彩就是"天衣"。

牛郎走上前来，对她说出了实情，并要她做他的妻子。织女见牛郎忠厚善良，就答应了，从此留在人间。他们结婚以后，男耕女织，相亲相爱，日子过得非常美满幸福。不久，他们生下了一儿一女，十分可爱。牛郎织女满以为能够终身相守，白头到老。

可是，王母知道这件事后，勃然大怒，马上派遣天神捉织女回天庭。

这一天，织女正在做饭，牛郎下地去了，天空狂风大作，天兵天将从天而降，不容分说，押解着织女便飞上了天空。

在耕地的牛郎匆匆赶回来，可他有什么办法呢？这时候，老牛说："我很快就要死了，我死后，你把我的皮剥下来做成衣服，你穿上这个衣服，就可以飞上天去。"老

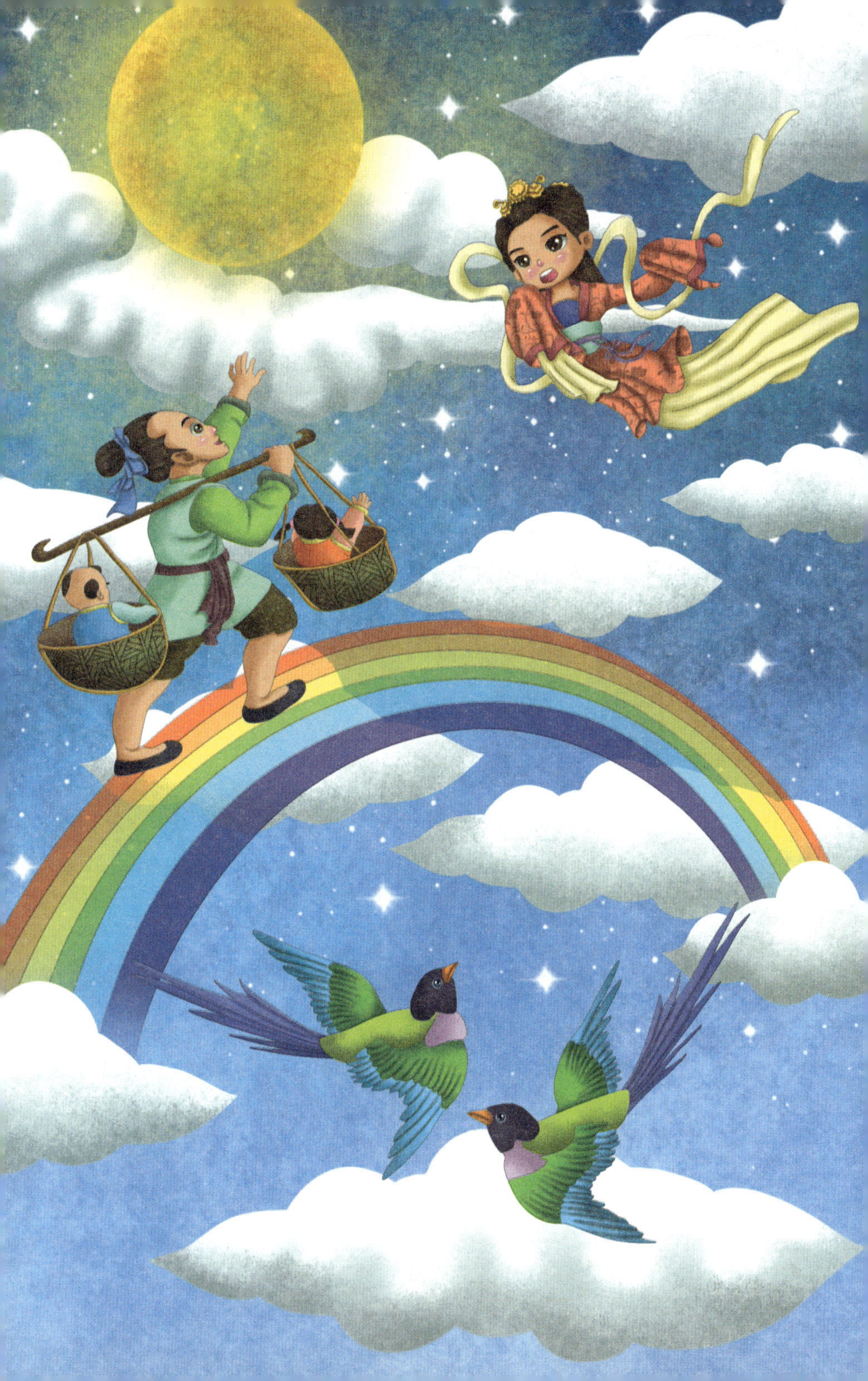

牛说完就死了。

牛郎含着泪按照老牛说的做了。他用一对箩筐，挑着两个儿女，披着牛皮做的衣服，飞往天庭。眼看就要见到织女了，可就在这时，王母驾着祥云赶来，她拔下头上的金簪，往他们中间一划，霎时间，一条天河波涛滚滚地横在了织女和牛郎之间，无法跨越。

后来，各位仙女求情，王母总算发了善心，便同意让牛郎和孩子们留在天上，每年农历七月七日，准许他们相会一次。这一天，无数的喜鹊飞到天河上，搭成一座鹊桥，他们就在这鹊桥上相会。

心多过虑，何异杞人忧天；
事不量力，不殊夸父追日。

译文

心里太过忧虑，就好像那个杞国人担心天要塌下来一样；做事不自量力，就和夸父追逐太阳一样。

故事链接

杞人忧天

从前,杞国有一个人,他常常会想到一些莫名其妙的问题。

有一天,他突然想到:万一哪天,天塌了下来,那该怎么办啊?到时岂不是要被活活压死吗?

从此以后,他整天担心天会塌下来,自己没有地方安身。他越想越觉得危险,越想越觉得可怕,因此愁得睡不着觉,吃不下

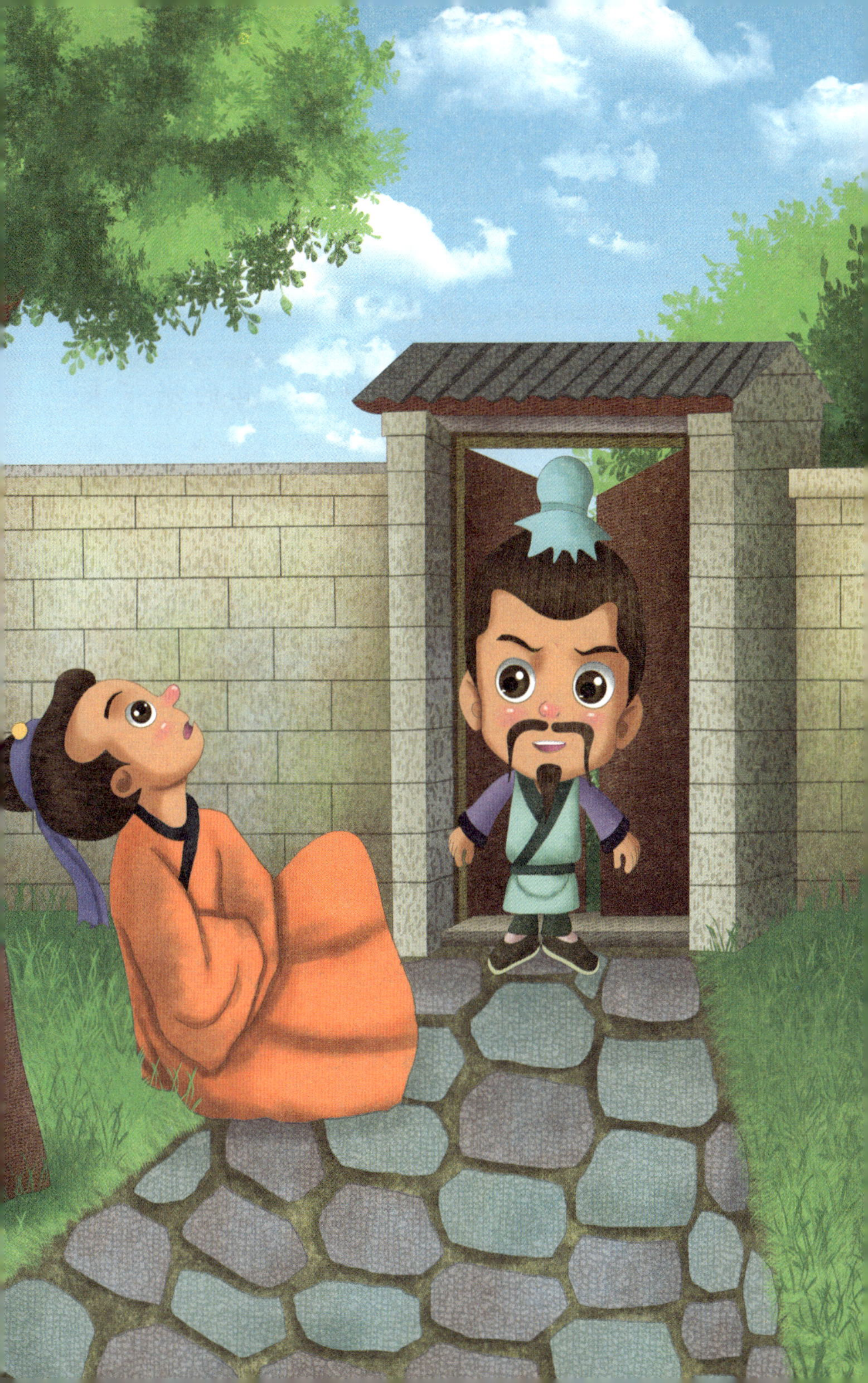

饭。

朋友们看他这样忧愁,整日精神委靡,很为他担心,就去开导他说:"天不会那么容易就塌下来的,即使天真的塌下来了,也不是你一个人担心就能解决的啊!何况,天不过是由很厚的气体聚积而成的,没有一个地方没有气。你一举一动,一呼一吸,从早到晚都生活在大气之中。放心,天不会塌下来的。"

杞人听了朋友们的话,又说:"如果天真的是大气组成,那么太阳、月亮和星星不是会掉下来吗?"朋友说:"太阳、月亮和星星,也都是由会发光的气体积聚而成的。即使掉下来,也不可能把人打伤。"

朋友们的话，他根本听不进去，仍然在为这个问题担忧。他一会儿担心天会塌下来，一会儿又担心太阳、月亮和星星会掉下来。就这样，一年又一年过去了，天没有塌，日月星辰也好好地挂在天上，但他仍然在为此担忧。后来，他因忧虑过度去世了。

沧海桑田，谓世事之多变；
河清海晏，兆天下之升平。

译文

沧海会变成桑田，桑田会变成沧海，是说世事经常变化；黄河变清，海水变平静，预示着天下太平。

故事链接

沧海桑田

从前有两个仙人，一个叫王远，一个叫麻姑。一次，他们相约到一个名叫蔡经的人的家里去饮酒。

到了约定的那天，王远身着朱衣，佩带五彩的绅带，乘坐五条龙拉的车，在一批乘坐麒麟的吹鼓手和侍从的簇拥下，降落在了蔡经家的庭院后面。然后，簇拥他的那些人就全部隐没了。

王远和蔡家的成员互相致意，然后坐

在那里等候麻姑的到来。王远等了好久还不见麻姑到来,便朝空中招了招手,吩咐使者去请她。蔡经家人谁也不知道麻姑是天上哪位仙女,便翘首以待。

过了一会儿,使者在空中向王远禀报说:"麻姑命我先向您致意,她说已有五百多年没有见到先生了。此刻,她正奉命巡视蓬莱仙岛,稍待片刻,就会来和先生见面的。"

王远微微点头,耐心地等着。没多久,麻姑从空中降落下来了。她的随从人员只有王远的一半。蔡经家的人这才发现,麻姑看上去简直就像是人间十八九岁的漂亮姑娘。她蓄着长到腰间的秀发,衣服光彩照人。

麻姑和王远互相行过礼后,王远就吩咐开宴。他一招手,宴席就摆上了,席上的用具全是用金和玉制成的,珍贵而又精巧;里面盛放的菜肴,大多是奇花异果,香气扑鼻。所有这些,也是蔡经家的人从未见过的。

席间,麻姑对王远说:"自从得了道,接受天命以来,我已经亲眼见到东海三次变成桑田。刚才到蓬莱,又看到海水比前段时间浅了一半,难道它又要变成陆地了吗?"

王远叹息道:"圣人都说,东海又要干涸,不多久就要变成陆地,扬起尘土呢!"

麻姑也一一会过蔡家的女眷,忽然间叫住了蔡经的弟媳。她几天前才生下孩子,麻姑叫她拿出些米来,然后,把这些米撒在地上,结果,这些米竟变成了一粒粒丹砂。王远看到这情形,也把他从天庭带来的一升美酒,拌了一斗水后,邀请蔡家同饮。

宴饮完毕,王远、麻姑各自召来车驾,升天而去。这时候,天上传出了和他们下凡时同样的仙乐。

以蠡测海，喻人之见小；

精卫衔石，比人之徒劳。

译文

拿瓢来测量海水，比喻人的见识太浅；

精卫衔着石头去填海，是指做事徒劳无功。

精卫填海

传说太阳神炎帝的小女儿女娃性格豪爽,像个男孩子一样。姐姐们平时很少出门,不是在花园中赏花,就是在闺房中刺绣。女娃却受不了这种无聊的生活。

女娃生来就是一副天不怕地不怕的样子,从不畏惧什么危险。这天,女娃在炎帝出门以后,就悄悄溜出了家门。当她听说在东海泛舟其乐无穷的时候,就想前往东海。朋友们都劝她说在那里泛舟很危险。可是她才不怕呢!

女娲孤身一人前往东海。她找来一叶扁舟,开始了她的东海之旅。微微的海风轻轻吹着女娲的面庞,轻轻的海浪柔柔地拍打着她的扁舟,女娲觉得惬意极了。

就在这时,原本平静的海面忽然起了狂风,海风顿时变得狂暴起来。女娲拼命地划着桨,想要摆脱海浪的束缚,可是她终于还是没能斗得过无情的大海,葬身在了海底。

女娲很不甘心,死后将自己的灵魂变成了一只美丽、勇敢的小鸟,发誓要填平大海。这只小鸟飞翔时总叫着"精卫!精卫!"所以她被人们称为"精卫"。

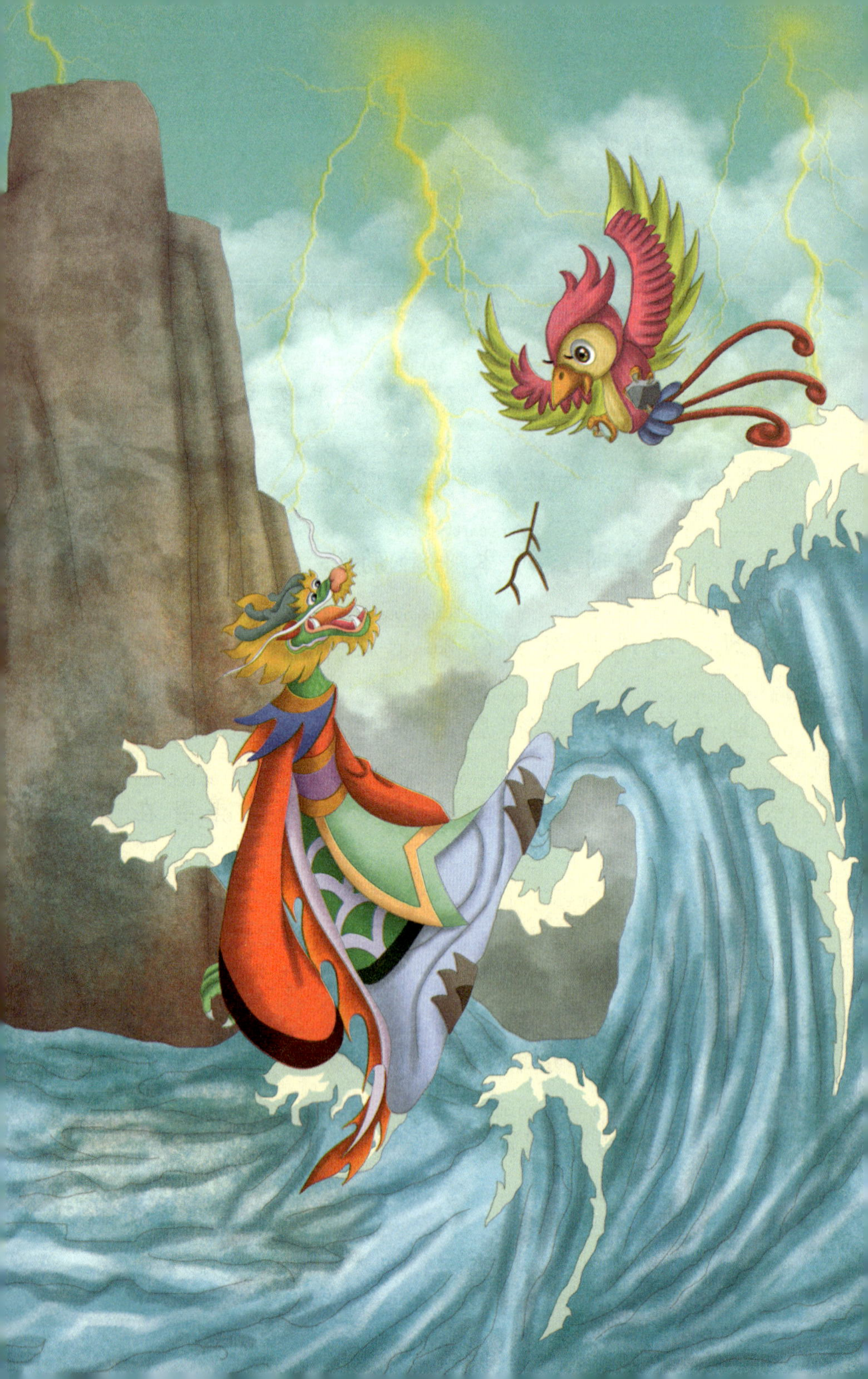

精卫住在西边的发鸠山上,每天不断地从西山衔树枝或小石子投入东面的大海中。日复一日,年复一年,精卫不知疲倦地往返于发鸠山和东海之间,从来都没有停歇过。无论是狂风暴雨,还是雷鸣闪电,都阻挡不了精卫的行程。它只有一个信念,那就是一定要将那罪恶的东海填平。哪怕付出再大的代价,它也不会罢手。

一天,当精卫又将从发鸠山衔来的树枝投向东海时,东海愤怒地责问精卫:"你究竟要干什么?你这只疯鸟!"

精卫不屑地说:"我要将你填平。"

东海惊讶地说:"将我填平?根本不可能,还是省省力气吧!"

精卫坚定地说:"你已经吞噬了我的生命,我不能让你再害更多的人,所以我必须将你填平。哪怕是填上一千万年,一万万年,直到世界末日来临,我也要继续填下去。"

东海被精卫说得目瞪口呆,口中念着:"这只鸟真是疯了!"

就这样日复一日、年复一年,精卫不断地把衔来的树枝和石头投向东海,从不知疲倦。传说直到今天,它还在不停地忙碌着。

端阳竞渡,吊屈原之溺水;
重九登高,效桓景之避灾。

译文

端午节龙舟竞相争渡,以悼念溺水而死的屈原;重阳节登上高山,是效法桓景避灾的故事。

重阳节的传说

我国古代把九叫做"阳数",农历九月九日,两九相重,都是阳数,因此称为"重阳"。重阳节来源于道教的一个神仙故事:

相传在很久以前,汝南县里有一个叫桓景的人,他和妻子靠几亩良田养活父母和孩子,日子过得倒也安生。谁知天有不测风云。这一年,汝河两岸害起了瘟疫,夺走了很多人的性命,桓景的父母也没躲过这一劫。原来，这都是汝河里的瘟魔捣的鬼。桓景听人们说："汝河里住有一个瘟魔，每年都要出来到人间走走。它走到哪里就把瘟疫带到哪里。"桓景对瘟魔深恶痛绝，听到这个消息，下定决心要为民除害。他听说东方几百里外的一座山中住着一个名叫费长房的大仙，于是就收拾行装，起程进山拜师学艺。

费长房给桓景一把降妖青龙剑，并传授给他一套降妖的法术。桓景早起晚睡，披星戴月，不分昼夜地练剑。转眼一年就过去了，一天，师傅费长房对他说："今年九月九，汝河瘟魔又要出来了。你赶紧回乡为民除害。我给你一包茱萸叶子，一瓶菊花酒，你让你家乡的父老登高避祸。"

桓景回到家乡,召集乡亲,把大仙的话给大伙儿说了。九月九那天,他领着父老乡亲登上了附近的一座高山,把茱萸叶子给每人分了一片,说这样随身带上,瘟魔就不敢近身。他又把菊花酒倒出来,给每人分了一口,说喝了菊花酒,不会染上瘟疫。他把乡亲们安排好,就带着他的降妖青龙剑回到家里,独坐屋内,准备等瘟魔来时降妖。

不大一会儿,只听汝河怒吼,怪风旋起,瘟魔出水走上岸来。它穿过村庄,走千家串万户也不见一个人,忽然抬头见人们都在高高的山上欢聚。它窜到山下,只觉得酒气刺鼻，茱萸冲肺，不敢近前登山，就又回身向村里走去。只见一个人正在屋中端坐，就吼叫一声向前扑去。桓景一见瘟魔扑来，急忙舞剑迎战。斗了几个回合，桓景就把瘟魔收服了。乡亲们见了都拍手欢呼。

汝河两岸的百姓就把九月九登高避祸、桓景剑刺瘟魔的故事一直传到现在。从那时起，人们就过起重阳节来，有了重九登高的风俗。

以术愚人,曰朝三暮四;
为学求益,曰日就月将。

译文

用欺诈的技巧欺负人,说的是"朝三暮四";为学习追求进步,说的是"日就月将"。

故事链接

朝三暮四

古时候有一个叫狙公的老人,十分喜爱猕猴,就在家中养了一群猕猴,每天早晚都要分别给每只猴子四颗栗子吃。相处久了,狙公懂得猴子的心理,猴子也能明白主人的意思。因此,老人更加喜欢这些动物,想方设法节省家中的花销,买可口的食物给猴子们吃。

几年后,猕猴的数量越来越多,而狙公的经济收入却越来越少,养不起这么一大群

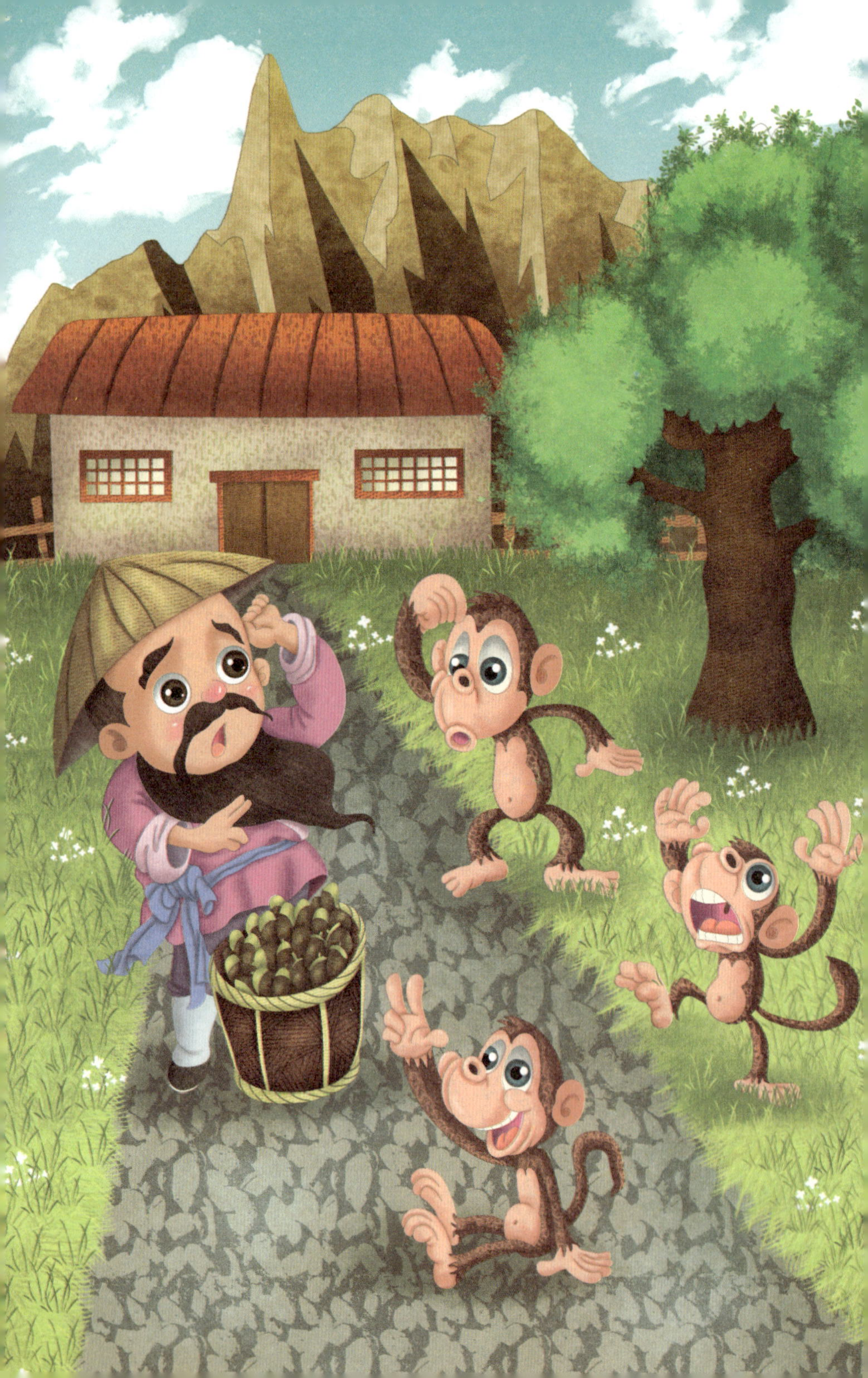

猴子了,可他舍不得这些猴子离开。于是,他不得不缩减猴子的口粮。

一天,狙公和猴子们商量:"为了不让你们挨饿,从今天开始,我早上给你们四个栗子,晚上给三个,好不好?"

猴子们听说它们的口粮减少了,心想:怎么晚上少一颗?它们都不答应,一个个龇牙咧嘴地冲着老人吹胡子瞪眼,强烈反对主人的做法。

老人一看到这个情形,又改口说:"那我早上给你们三颗,晚上再给你们四颗,这样该可以了吧?"

猴子们听了,认为晚上的栗子已经由三个变成四个,那么,它们吃的栗子就不会比以前少了。于是,它们马上安静下来,眨着眼睛,挠着腮帮,在地上打滚。

据说,这是记载在《庄子·齐物论》里面的一则寓言故事。它告诫人们要注重实际,防止被表面假象蒙骗。后来人们加以引申,以"朝三暮四"指用诈术行骗,也指经常变卦,反复无常。

韶华不再，吾辈须当惜阴；
日月其除，志士正宜待旦。

译文

美好的时光一去不再复返，我们应当珍惜时光；日月悄悄地流逝，有志向的人应当头枕着兵器等待天明。

司马光勤学惜时

司马光是我国北宋时期著名的政治家，也是当时了不起的大儒，历来受人敬仰。

司马光小时候在私塾上学的时候，总认为自己不够聪明，他甚至觉得自己的记忆力比别人差。为了训练自己的记忆力，他常常要花比别人多两三倍的时间去记忆和背诵书上的东西。每当老师讲完书上的东西，其他同学读了一会儿就能背诵，于是纷纷跑出去玩耍

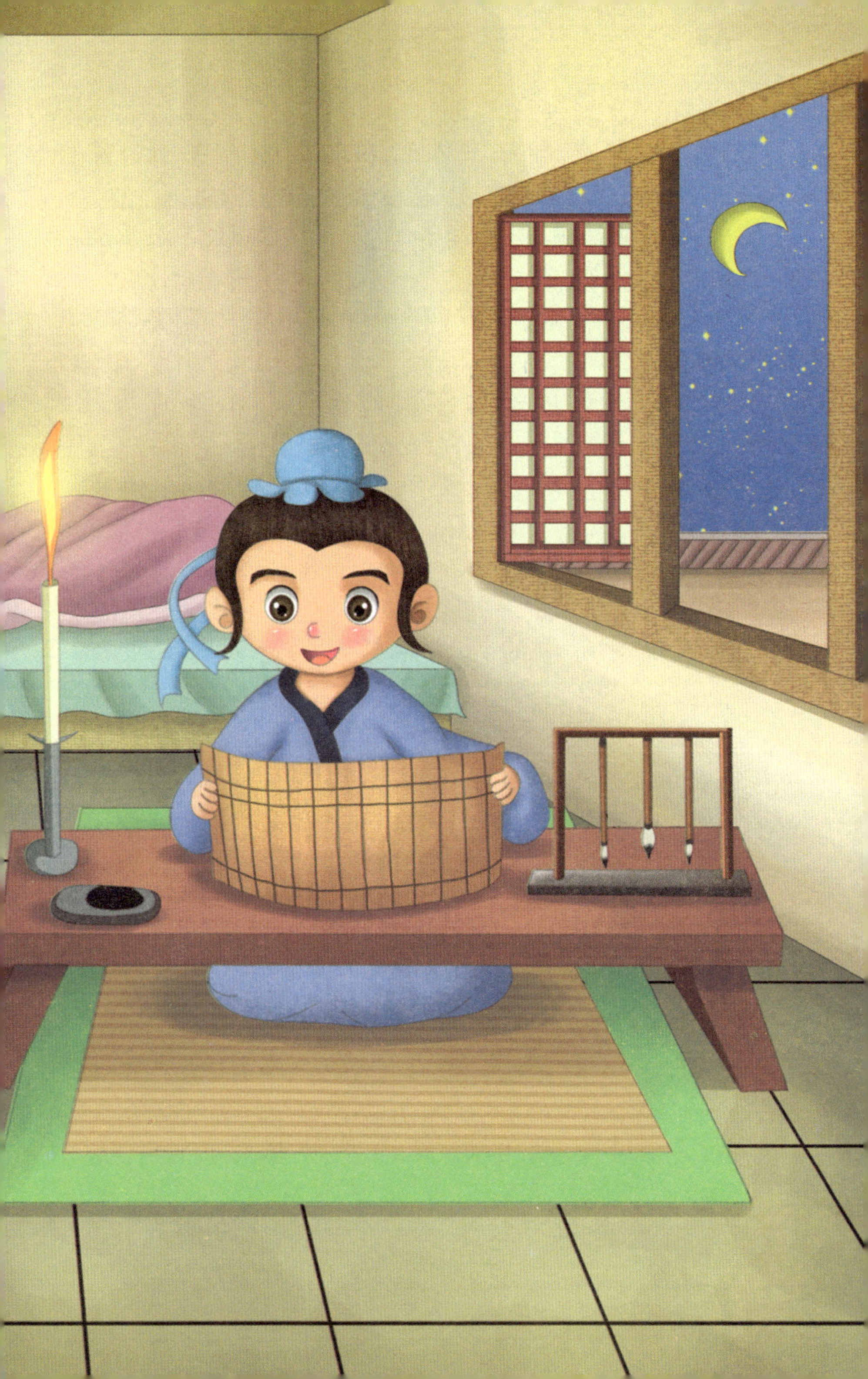

了。司马光却一个人留在学堂里，关上窗户，继续认真地朗读和背诵，直到读得滚瓜烂熟，合上书本，能背得一字也不差才肯罢休。

他还利用一切空闲的时间，比如骑马赶路的时候，或者夜里不能入睡的时候，一面默诵，一面思考文章的内容。久而久之，他不仅对所学的内容能够记诵，而且记忆力也越来越好，少时所学的东西，竟终身不忘。由于他从小学习一丝不苟，勤奋用功，为他后来著书立说奠定了坚实的基础。

司马光一生坚持不懈地埋头学习、写作，往往忘记饥渴寒暑。他住的地方，除了书本，只有非常简单的摆设：一个板床、一条粗布被子、一个圆木做的枕头。

为什么要用圆木做枕头呢?原来是这样的,司马光常常读书到很晚,他读书读累了,就会睡一会儿,可是人睡觉的时候是要翻身的,当他翻身的时候,枕头就会滚到一边,这时他的头自己会碰到木板,这样一震动,人也就醒了。于是,他就马上披衣下来,点上蜡烛,接着读书。后来他把那个圆木枕头看成是有思想的东西,给它起了个名字,叫"警枕"。

凭着这种永不懈怠的精神,司马光主持编撰了编年体史书巨著——《资治通鉴》,流传千古。

孙膑吴起，将略堪夸；
穰苴尉缭，兵机莫测。
姜太公有《六韬》，
黄石公有《三略》。

译文

孙膑和吴起，用兵的谋略值得人们夸赞；穰苴和尉缭，用兵的计谋令敌人难以猜测。姜太公曾经写过《六韬》，黄石公曾经写过《三略》。

孙膑围魏救赵

孙膑是孙子的后代,出生于齐国。他青年的时候曾与庞涓一起向鬼谷子学习兵法。后来庞涓投奔魏国,得到魏惠王的赏识,被任命为大将军。庞涓自忖才能不及孙膑,害怕孙膑到魏国影响自己的前程,更担心他到别国后成为自己的对手,于是将孙膑骗到魏国,说是要举荐孙膑为官。孙膑不知是计,欣然答应。不料到魏国后,孙膑被庞涓诬陷私通齐国，魏惠王听信了庞涓的谗言，对孙膑处以膑刑（古代一种挖掉膝盖骨的酷刑），使之终身残疾。又在孙膑脸上刺字，想让他终身羞于见人。孙膑为了逃离魏国，佯装癫狂，从而暂时躲过了庞涓对他的进一步迫害。后来，齐国大将田忌得知孙膑是一位不可多得的人才，此时又身处险境，便想方设法把孙膑带回到齐国。孙膑到了齐国之后，被齐威王所器重，被任命为齐国的军师。

公元前353年，魏国国君魏惠王派大将庞涓带兵去攻打赵国，团团围住了赵国国都邯郸，情况非常危急，赵国的国君赵成侯派使者到齐国去求援兵。齐国的国君威王很痛快，立刻拜田忌为大将，拜孙膑为军师，发兵去救赵国。

田忌打仗非常勇敢，但智谋不足，又是个急性子，奉命之后，便想立刻赶到邯郸去与魏兵厮杀，可孙膑不同意。

孙膑说："要解开纷乱的丝线，不能用手强拉硬扯；要劝解别人打架，不能直接参与进去打。同样道理，用兵解围，要避实就虚，击中要害。现在魏国出兵攻打赵国，魏国的精兵锐卒，一定倾巢开赴邯郸，只剩一些老弱残兵留守国内。我们不如引兵直奔魏国国都大梁，占据它的交通要道，袭击其空虚的地方。魏军见国内危急，必定会放弃攻打邯郸，回军救援。而我军就可以在魏军回来必经的桂陵设下埋伏，打他们一个措手不及。这样，我们不但可以轻而易举地帮助赵国解开被围的危急局势，又可以很有把握地打败魏军，削弱魏国的实力。"

田忌认为此策妙极，于是统率齐军主力向魏都大梁挺进。

魏国此时已四面受敌，更可怕的是齐国人击中了魏国的心脏，庞涓无奈，以少数兵力控制千辛万苦刚刚攻克的邯郸，自己率魏军主力撤出赵国，回救大梁。这时，孙膑已安排齐军在桂陵（今山东菏泽）潜伏，庞涓率军行至这里即遭到已等待多时的齐军突然截击。魏军在攻邯郸时已消耗很大兵力，再加上日夜兼程的行军，疲惫不

堪，于是大败而溃；同时，邯郸也被赵军夺回。

韩信将兵，多多益善；
毛遂讥众，碌碌无奇。

译文

韩信领兵打仗，兵越多越好；毛遂讽刺其他的人碌碌无为。

故事链接

毛遂自荐

秦国大将白起在长平大败赵军后,挥师长驱直入,包围了赵国都城邯郸。情况万分危急,赵王派遣平原君赵胜出使楚国,请求援兵。

平原君在数千名门客中仔细挑选,选出十九人后就再也选不出合适的人了。正在为难之时,门客毛遂走到平原君面前自我推荐了一番,平原君听后,同意毛遂跟大家一起前往楚国。在途中众人相处时,其余那

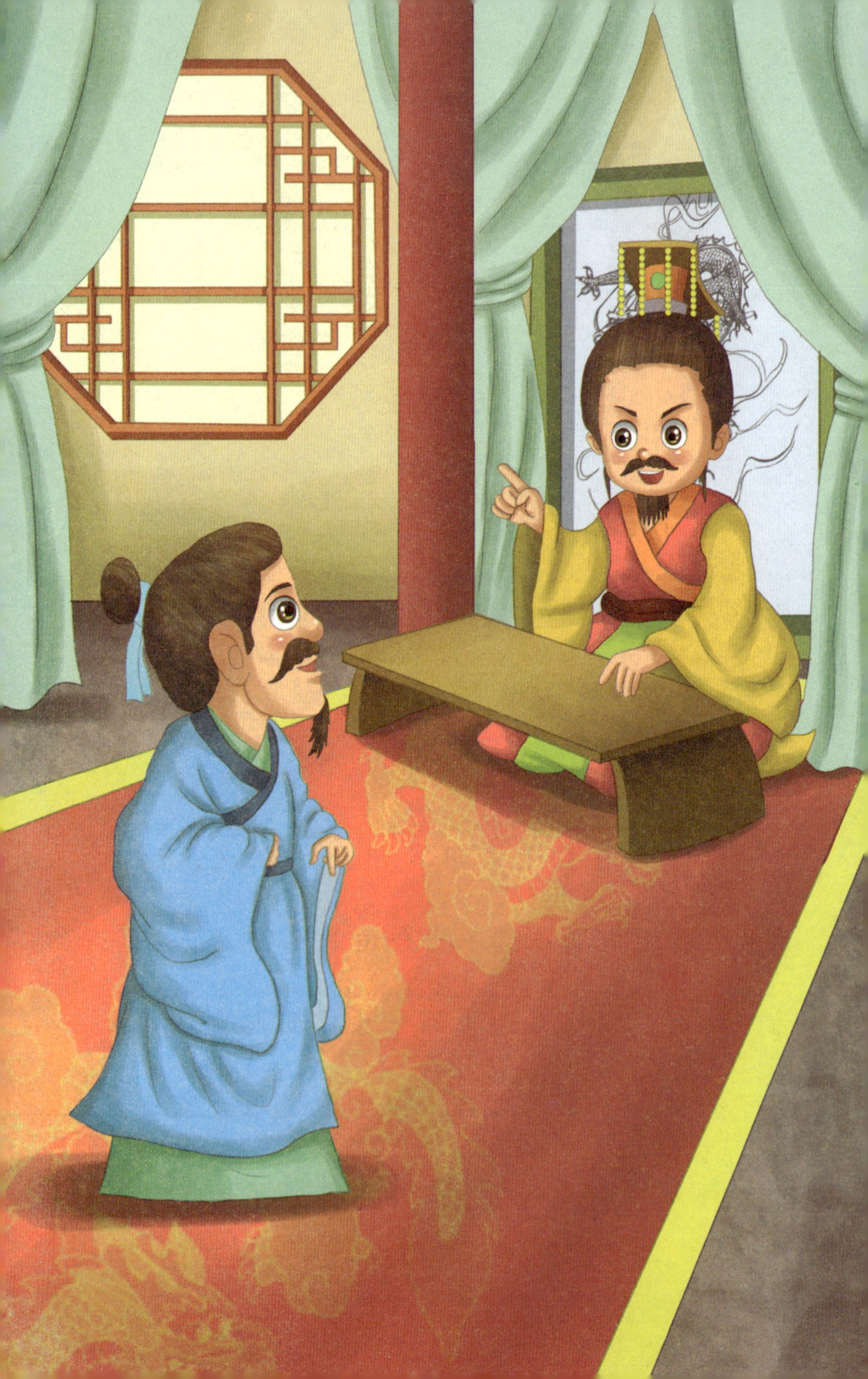

十九个人都有些轻视排挤毛遂的意思。

到了楚国,平原君反复对楚王说联合抗秦的好处和不联合抗秦的弊端,然而谈判进行得十分艰难。楚王任凭平原君怎么说,就是不同意出兵。

毛遂见谈判没有丝毫进展,便几步跨上台阶,高声喊道:"合纵不合纵,三言两语就可以说清楚了,怎么从早晨说到现在,还决定不下来,这是为什么?"

楚王听了这样盛气凌人的话,不高兴地问平原君:"这个人是干什么的?"

平原君答:"这是我的门客毛遂。"

楚王一听是门客,便大声呵斥道:"我在跟你主人谈判,没你的事,赶快给我走开。"

毛遂紧握宝剑凑近楚王跟前说:"大王竟然呵斥我,是依仗楚国军队多吧?现在大王与我只有十步的距离。大王此刻的性命就掌握在我的手里,你兵再多,也帮不上忙。听说从前商汤只有七十里地,后来做了天下之王。周文王土地也不多,诸侯都服从他的调遣,难道他们都依仗的是军队吗?不是!他们只是发挥自己在诸侯中的威望和把握有利的形势罢了。现在楚国有五千里土地,百万雄兵,本来可以做霸主了,您自己也以为楚国强大,没有一个国家可以相比。但是白起只领几万兵力,就把楚国打败,还烧毁了楚王祖先的坟墓,这应是楚国百年不忘的家仇国恨。连我们赵国人都感到这事可恨,大王却一点也不感到羞惭。联合抗秦,不仅是为了赵国,更是为了楚国。您还呵斥什么?"

楚王连连点头赞同。不久,楚、魏等国联合出兵援赵,秦军就撤退了。

平原君回赵后,礼待毛遂,把他尊为上宾。事后,毛遂想起其他十九个门客曾经对他的轻视,不禁讥讽他们是碌碌无为之辈。

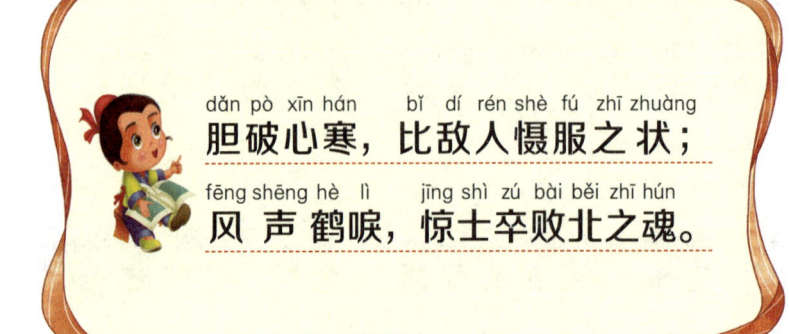

胆破心寒,比敌人慑服之状;
风声鹤唳,惊士卒败北之魂。

译文

"胆破心寒",是比喻敌人惊恐畏惧的样子;"风声鹤唳",是形容士兵溃败逃跑时疑神疑鬼的样子。

故事链接

风声鹤唳

东晋时期,占据北方的前秦在贤臣王猛的辅佐下迅速强盛起来,秦王苻坚踌躇满志,欲以"疾风扫秋叶"之势一举吞并偏安江南的东晋王朝,完成大统。

公元383年,前秦皇帝苻坚不顾群臣反对,举百万大军,南下攻打东晋。苻坚骄狂地宣称:"以吾之众旅,投鞭于江,足断其流。"意思是把队伍里所有的马鞭投到江里,就能截断水流。

面对这生死存亡的危急关头,东晋王朝中以丞相谢安为首的主战派决意奋起抵御。晋帝任命谢安之弟谢石为征讨大都督,谢安之侄谢玄为先锋,率八万士兵迎战。

苻坚认为自己兵多将广,有足够的把握战胜晋军。他把兵力集结在寿阳东的淝水边,决定等所有的后续大军到齐了,再向晋军发动进攻。

为了能以少胜多,谢玄施出计谋,派使者到前秦军营,向前秦军的前锋建议道:"贵军在淝水边安营扎寨,显然是为了持久作战,而不是速战速决。如果贵军稍向后退,让我军渡过淝水决战,不是更好吗?"

前秦军内部讨论时,众将领都认为,坚

守淝水,晋军不能过河。待后续大军抵达,即可彻底击溃晋军。因此,不能接受晋军的建议。但是,苻坚求胜心切,不同意众将领的意见。他认为己方可以将计就计,他说:"我军只要稍稍后退,等晋军一半过河,一半还在渡河时,用精锐的骑兵冲杀上去,就肯定能大获全胜!"

于是,前秦军决定后退。苻坚没有料到,自己的军队成分复杂,军心不稳,指挥不统一,一接到后退的命令,以为前方打了败仗,慌忙向后溃逃。谢玄见敌军溃逃,立刻指挥部下快速渡河杀敌。苻坚之弟苻融眼见大事不妙,急忙骑马前去阻止,企图稳住阵脚。不料他的战马被乱兵冲倒,没等他从地上起来,就被后面晋军的追兵杀死了。

失去主将的前秦兵越发混乱,没多久便彻底崩溃。前锋的溃败自然引起后部的惊恐,前秦军后方主力也随之溃逃,最后全军向北败退。前秦军宛如惊弓之鸟,一路只顾逃命,不敢稍作停留,听到风声和鹤的鸣叫声,都以为是晋军追兵的呼喊声,吓得心胆俱裂。

晋军乘胜追击,前秦兵慌不择路,人马自相践踏,死尸遍野,苻坚本人也中箭负伤,最初的近百万人马逃回洛阳时仅剩十余万。就这样,晋军取得了"淝水之战"的重大胜利。

韩信受胯下之辱，
张良有进履之谦。

译文

韩信曾经受过胯下之辱，张良曾经有拾起鞋子并帮一老人穿上的谦恭。

故事链接

韩信忍胯下之辱

韩信是西汉的开国功臣，用兵如神。

他年轻时,家里很穷,连吃饭都很困难,经常要靠乞讨来填饱肚子,很不受乡邻待见。

韩信不会种地,又不会做生意,去讨饭又遭受冷遇,只好去河边钓鱼,钓到了就换几文钱,钓不着就只得饿肚子。幸而在钓鱼的地方,有个老婆婆在河边清洗衣物,见韩信饿得骨瘦如柴,便把自己的饭分一些给他吃。一连数日,这位老婆婆每天都给韩信饭吃。韩信十分感激,便对老婆婆说:"您这样照顾我,将来我一定要好好报答您。"老婆婆说:"你连自己都养活不了,我哪里还指望你的报答啊!只希望你要努力自立!"韩信满脸羞愧,立志要闯出一番事业来。

当时乡里有个无赖,常常侮辱韩信。

有一天在街上,这个无赖又遇见了韩信,对他说:"你长得这么高大威猛,为什么要带刀佩剑呢?不会是胆子小,为了防身吧!"

韩信理直气壮地对他说:"我才不是个贪生怕死的人呢!"他话说得掷地有声,立刻引来了许多人围观。

这个无赖见一下子来了这么多人,兴致更高了。他接着说:"那我跟你打个赌,你要是真不怕死,就用你的剑来刺我,你要是怕死不敢刺,就从我两腿中间钻过去。"

说完,他得意地大笑起来,围观的人们也跟着哄笑。韩信瞥了这人一眼,围观的人都以为那个得意的青年这回要遭殃了,没想到的

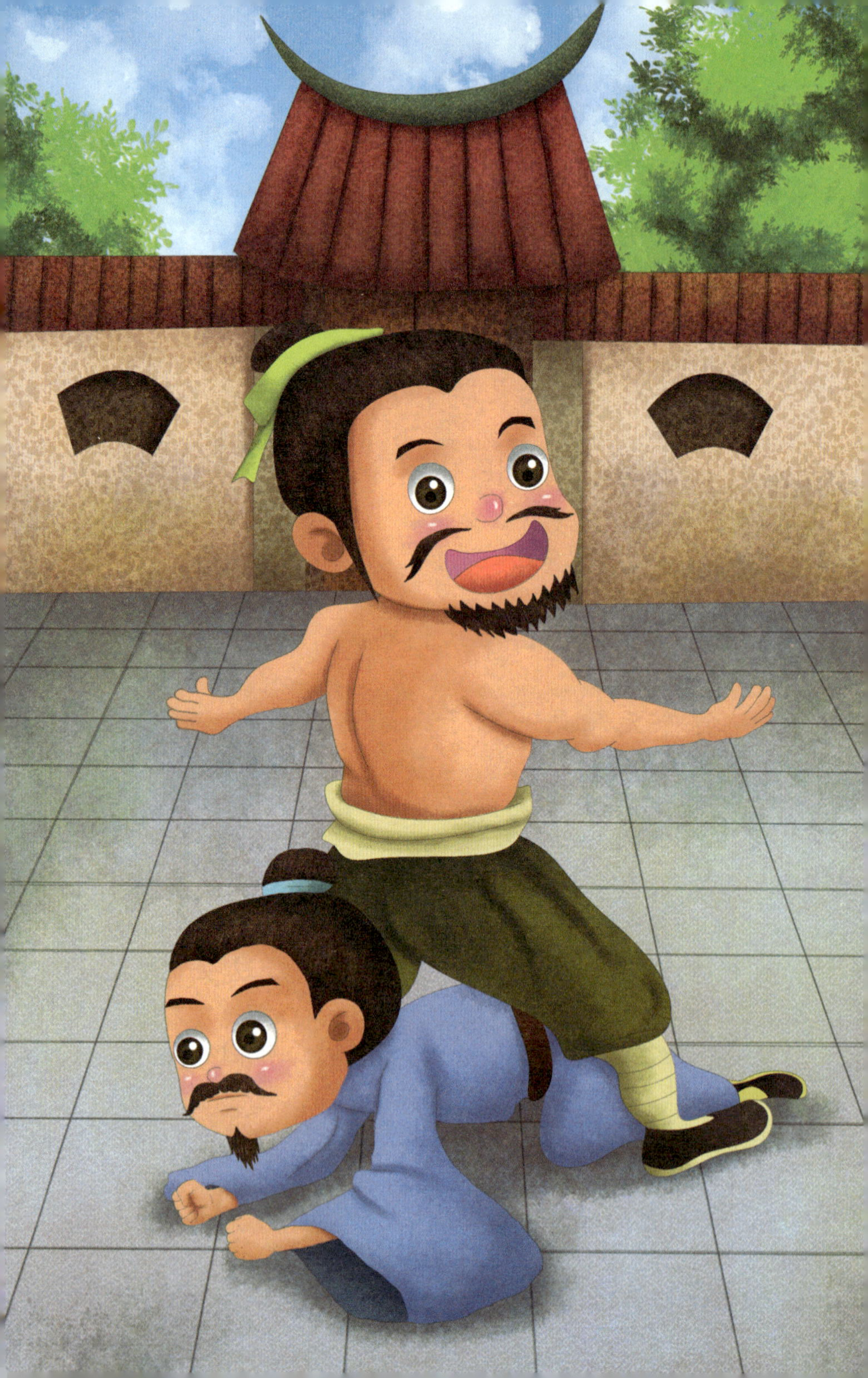

是，韩信居然不声不响地从他的胯下钻了过去。满街的人也都嘲笑韩信，认为他胆小怕事。

多年以后，韩信因辅佐刘邦征战天下，被封为王，衣锦还乡。韩信回到故乡，找到当年分给他饭吃的老婆婆，送她黄金千两以报答当日之恩。他又找到那位让他受胯下之辱的无赖，韩信不但没有杀他，反而还任命他为军官，并对众人说："当时他侮辱我时，我难道真的不敢杀他吗？不是的。但我如果杀了他就不能实现自己的抱负了，所以我忍。我是该谢谢他啊，因为他磨炼了我的意志！"

求士莫求全,
毋以二卵弃干城之将;
用人如用木,
毋以寸朽弃连抱之材。

译文

君王选拔人才不要太苛刻,不要因为两个鸡蛋的小事而放弃能护卫国家的大将;君王任用人才要像木匠使用木头一样,不要因为一丁点的腐烂就放弃栋梁之材。

李斯谏逐客

秦国虽然在邯郸打了一个败仗,但是第二年(公元前256年)就战胜了韩、赵两国。后来,秦国索性把挂名的东周王朝也灭掉了。秦昭襄王去逝后,他的孙子秦庄襄王即位。没到三年,秦庄襄王也死了,继承王位的是年仅十三岁的太子嬴政。吕不韦被尊为相国,主持朝政。

公元前239年,也就是嬴政亲政的前

一年，吕不韦不甘心放弃自己的权力，采取种种手段，力图保住自己的地位。同样，富有谋略的嬴政也不甘心听任吕不韦的摆布，一场激烈的斗争开始了。

公元前238年，嬴政下令免了吕不韦的职。后来又逼吕不韦自杀。

吕不韦一死，秦国的一些大臣就议论起来，说：各国的人跑到秦国来，都是为他们本国的利益考虑，还有一些是来当间谍的。他们劝说秦王嬴政把所有的客卿都撵出秦国。

秦王嬴政表示赞同，就下了一道逐客令，让所有不是秦国人的官员都离开秦国。

有个楚国来的客卿李斯，是著名的儒家

学派代表荀子的学生。他来到秦国后,受到吕不韦的赏识,留下来当了客卿。这次,李斯也在被驱逐之列。离开咸阳的时候,他给秦王上了一道奏章。

李斯在奏章上说:"从前秦穆公在位时,因为有了百里奚、蹇叔,所以当了霸主;秦孝公在位时用了商鞅,变法图强;惠文王在位时,用了张仪,拆散了六国联盟;昭襄王用了范雎,建立了功业;现在大王执政,却把外来的人才都撵走,这不是帮助其他国家增加实力吗?"

秦王嬴政看了奏章,觉得李斯说得有道理,便派人把李斯追回来,恢复了他的官职,把逐客令也取消了。

从此以后,秦王嬴政很信任李斯,李斯也给秦国出了不少好主意。

毛义捧檄，为亲之存；
伯俞泣杖，因母之老。

译文

毛义捧着征召的公文而高兴，为的是养活母亲；韩伯俞受了杖责忽然哭泣，这是因为他感觉到母亲年老体衰，就是打在他身上也不觉得痛。

故事链接

朱寿昌弃官寻母

朱寿昌的父亲朱巽是宋仁宗年间的工部侍郎，朱寿昌的母亲刘氏是朱巽之妾。朱寿昌幼时，刘氏被朱巽遗弃，从此，母子分离。朱寿昌长大成人之后，荫袭父亲的功名，出而为官，几十年的仕途颇为顺利。然而，他一直未能与生母团聚，因而时时思念自己的母亲，以至于"饮食罕御酒肉，言辄流涕"。母子分离后的五十年间，他四方打听生母的下落，均杳无音讯。为此，他还烧香拜

聖

佛，以示虔诚。

熙宁初年，朱寿昌听说母亲流落陕西一带嫁为民妻后，他刺血书写《金刚经》，并辞去官职，与家人远别，去往陕西一带寻母。他跟家人说："不见母，吾不返矣"。精诚所至，朱寿昌终于在同州找到了自己的亲生母亲。当年母子分离时，朱寿昌尚年幼，五十年后重逢，老母亲已七十有余，朱寿昌也年过半百了。朱寿昌的母亲刘氏离开朱家以后就改嫁了。之后，她又生有几个子女，朱寿昌把他们都看作自己的亲弟亲妹，全部接回家中供养。

有人将朱寿昌弃官寻母之事上奏宋神宗，宋神宗知道此事后，让他官复原职。同时名公巨卿,如苏轼、王安石等争相写文作诗赞美其事。苏轼曾有诗云:"嗟君七岁知念母,怜君壮大心愈苦,不爱白日升青天,爱君五十著彩服,儿啼却得偿当年……感君离合我酸辛,此事今无古或闻……"

从此,朱寿昌弃官寻母之事遍传天下。

煮豆燃萁，谓其相害；
斗粟尺布，讥其不容。
兄弟阋墙，谓兄弟之斗狠；
天生羽翼，谓兄弟之相亲。

译文

"煮豆燃萁"说的是骨肉兄弟自相残害；"斗粟尺布"讥讽兄弟之间互不相容。"兄弟阋墙"说的是兄弟争斗激烈。"天生羽翼"则是指兄弟就像是上天赐予的一对翅膀，生来便需要互相扶持，相亲相爱。

曹植七步成诗

曹丕与曹植都是曹操的儿子,他们都是才华横溢的文学家,与他们的父亲曹操合称"三曹",以他们为代表的建安文学,在我国文学史上留下了光辉的一笔。

曹操在征战之余,很喜欢文学,也赏识文士。他见四儿子曹植文章出众,品格质朴,因此对他特别宠爱,多次想把他封为王太子,但因为很多大臣坚决反对,才未决定下来。

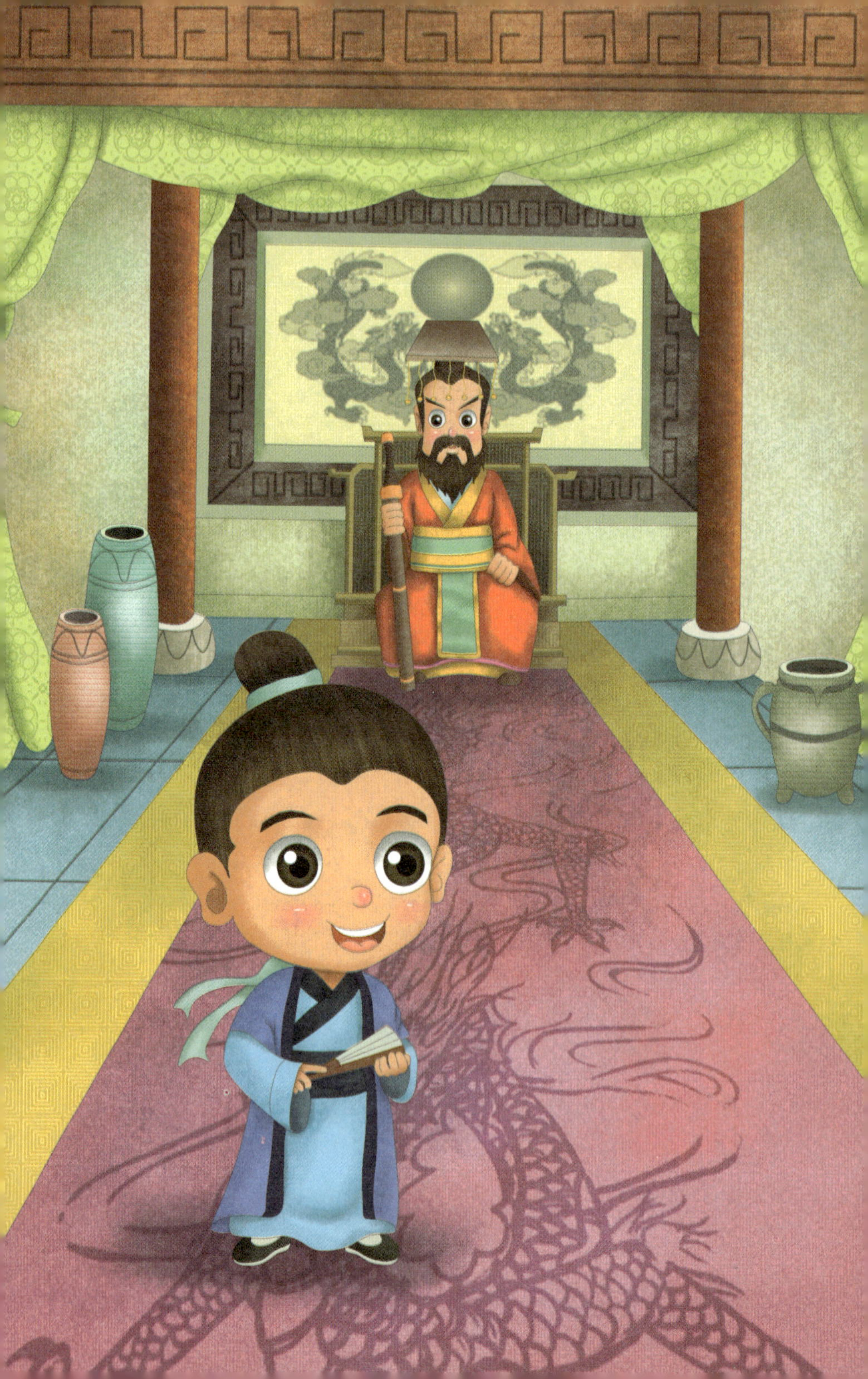

曹操死后,曹丕继袭父亲的魏王和丞相位,掌握朝廷大权。他是个妒忌心很重的人,一直都很嫉妒弟弟曹植的才华,同时也担心他会威胁到自己的皇位,于是就想置曹植于死地。

这时,有人向曹丕告发临淄侯曹植经常喝酒骂人,还扣押了他派去的使者。曹丕便立即派人传曹植觐见。他对跪在地上的弟弟说:"父王在世的时候,总是夸奖你的文章写得如何如何好,可是,我怀疑那是别人替你写的。现在我倒要看看你是不是真的那么有才华。你我乃是兄弟,便以此为题,但诗中不可出现'兄弟'二字。限你在七步之内作出一首诗来,否则……"

曹植知道哥哥存心要害死他,又伤心又愤怒,但他强忍着心中的悲痛,不等曹丕把话说完,就应声说出一首脍炙人口的诗来:煮豆持作羹,漉豉以为汁。煮豆燃豆萁,豆在釜中泣。本是同根生,相煎何太急。

曹丕听后,也觉得自己对弟弟逼得太狠,感到有些惭愧,就免去了曹植的死罪,把他遣回封地。最后,曹植在一个远离京城的小郡忧郁而死。

后来,人们常常用"七步诗"里的"本是同根生,相煎何太急"来比喻兄弟之间互相残杀是违背天理的,并用此诗来教育人们要关爱兄弟姐妹,与兄弟姐妹和睦相处。

胶漆相投,雷义之与陈重;

鸡黍之约,元伯之与巨卿。

译文

像胶漆一样互相黏合的友谊,说的是雷义和陈重坚不可破的友情;虽然隔了两年依然杀鸡做黍等待好友的到来,说的是范式和张劭的约定。

故事链接

莫逆之交

战国时期,有四个古怪的人——子祀、子舆、子犁、子来。他们性情相投,都认为"无"是最崇高的,事物要顺其自然。

一天,四个怪人聚到一起,热烈地讨论着"无"的崇高和伟大,一致认为"无"就像人的头一样,起着至关重要的作用。分别时,四个人互相望着笑着,认为他们心心相印,友谊将天长地久。

过了一段时间,子舆病了,子祀去探望

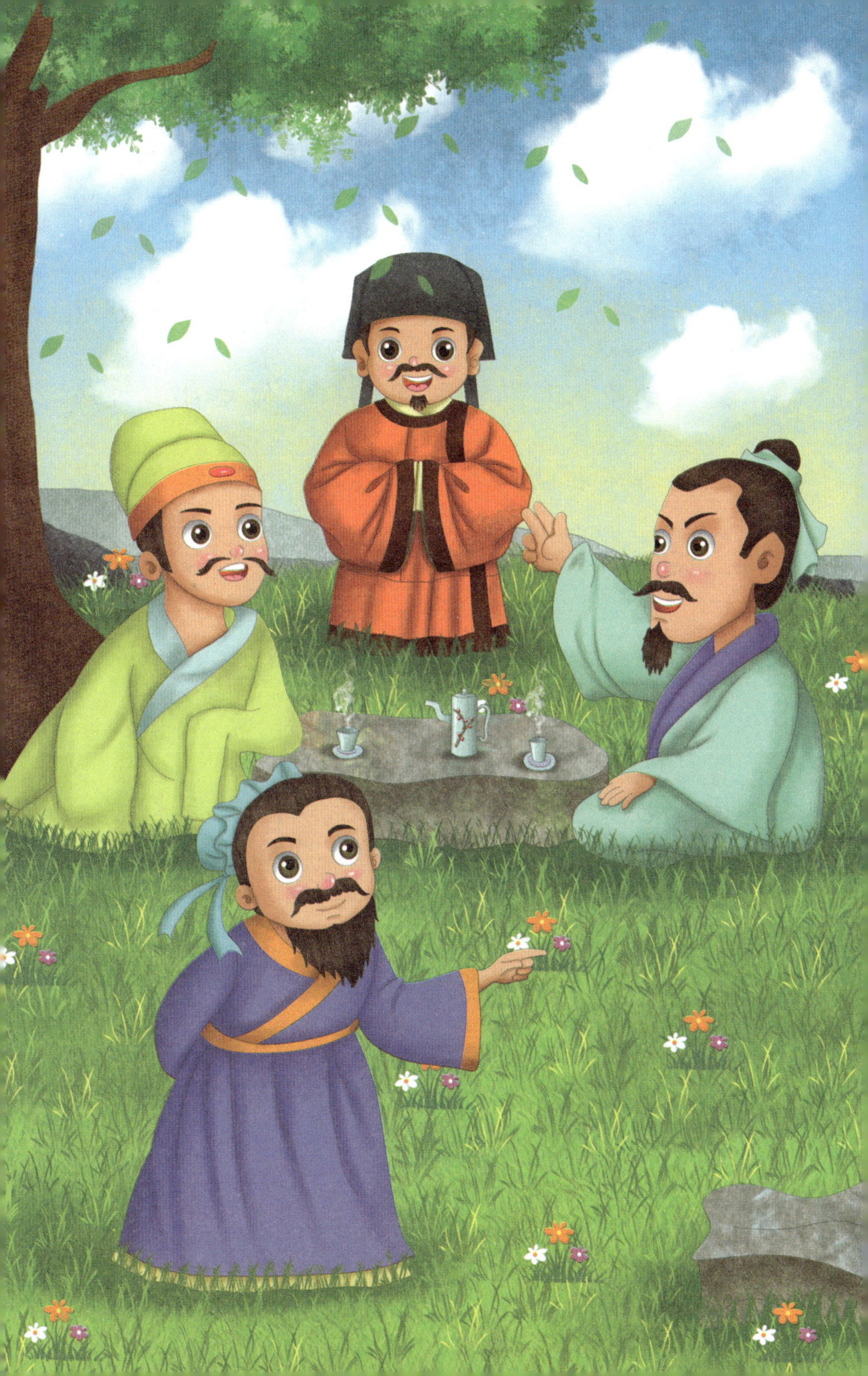

他。子舆出门迎接时，弯着腰，低着头，高耸起两肩，背上长着五个大脓疮。他却对子祀说："上天真是伟大啊，使我成为这样的奇人！"子祀问道："你对自己的病一点都不担忧吗？"子舆说："为什么要忧虑呢？人的生与死，本来就是上天安排好的，我只是顺其自然罢了。"

不久，子来也害了病，非常痛苦，眼看就要死去。子犁来看子来，见子来的妻子痛哭流涕。子犁坐在床边和子来说道："伟大的造物主正在改变你，怎么能随便惊疑啼哭呢？"子来感激地说："假如一个铁匠打铁时，火炉中的一块铁突然跳了起来，那铁匠一定认为是不祥之兆。天地是一个大

熔炉,阴阳是一个伟大的铁匠。我现在正在被天地铸造着,怎么能表现痛苦呢?"子犁紧紧握着子来的手,说:"我们真是知己!"

cài yōng dào xǐ yǐ yíng bīn
蔡邕倒屣以迎宾,
zhōu gōng wò fà ér dài shì
周公握发而待士。

译文

cài yōng jí zhe yíng jiē kè rén bǎ xié zi dōu chuān fǎn le
蔡邕急着迎接客人,把鞋子都穿反了;
zhōugōng xǐ tóu fa de shí hou kè rén lái fǎng tā niē zhe shī tóu fa
周公洗头发的时候,客人来访,他捏着湿头发
jiù chū qù le
就出去了。

故事链接

曹操请荀彧

一次,曹操前往泰山庙拜访高僧,请高僧给自己推荐几位贤能之才。高僧给了曹操一个小锦囊,告知他若遇到一位胆敢辱骂他的人,即时打开锦囊便知。其后,曹操率大军攻入中原,所到之处,鸡犬不宁。进许昌后,曹操扎营于一个叫景福殿的庙内。曹操之弟曹仁带着士兵四下抢夺,弄得许昌百姓惶惶不安。这样几天后,四个城门上忽然都贴出一张帖子,上面写着:曹操到许昌,百姓遭了殃;若弃安抚事,汉朝难安邦。落款是:许昌荀彧。

曹操看到帖子后,无比气愤,正想下令捉拿这个胆大包天之徒时,猛然想起高僧的锦囊来。曹操忙打开来看,只见上面写着这样一首诗:开口就晌午,日落扁月上。十天头长草,或字三撇旁。才过昔子牙,谋深似子房。很明显,这是一首藏意诗。曹操忙请来身边诸位谋士,共同解读其中含意,折腾了半天才明白六句诗中隐含了这样四个字:许昌荀彧。曹操读后,幡然醒悟,急忙派人请荀彧到自己帐中。

原来,荀彧因不满当朝昏庸无道,一直隐居于许昌。后闻曹操有勇有谋,又爱惜人才,想投奔曹操,又不放心。于是,他写了这张帖子来试探一番。这次,曹操特意派人来请他,他心里很高兴,但为考察曹操是否真心,他故意拒门不出。是时正值寒冬腊月,天气冰寒,遭拒后,曹操没有生气,反而不顾严寒,亲自拜访荀彧,但两次都败兴而归。对于两访不遇,曹操仍耐心求访。

后来,曹操听说荀彧要前往祖坟扫墓,于是备下厚礼,前往凭吊。曹操来到坟前,看见一个年轻少年,仪表堂堂,正专心致志阅读《孙子兵法》,头也不抬。忽然一阵风起,把书吹落在地。曹操急忙上前帮忙捡起并恭恭敬敬地递上。对此,荀彧却置之不理,只大声喝问来者何人。曹操说:"我是曹孟德,今天特意来请荀公帮忙扶保汉室江山。"没想到,荀彧却十分冷漠地回绝了曹操。曹操赔笑说:"久闻先生足智多谋,今日请不到先生,我便不走了。"荀彧又推说腿有毛病,行动不便。曹操便亲自牵来自己的马,扶荀彧骑上,将他迎入景福殿中。

谗口中伤,金可铄而骨可销;
虐政诛求,敲其肤而吸其髓。

译文

中伤别人的谗言可以使金石熔化,也可以使骨肉销毁;横征暴敛的残酷统治,就像敲打人的肌肤、吮吸人的骨髓一样可怕。

莫须有罪名

秦桧是南宋高宗时有名的奸相，在历史上遗臭万年。他向高宗进谗言害死抗金名将岳飞。

当时，南宋偏安一隅，女真人南侵，占领北方大片土地，建立了金朝，随后继续南下。为了"精忠报国"，年轻的岳飞应募从军，参加抗金斗争。很快他就成了一名能干的军官，并组建了"岳家军"。

不久，岳家军从金兵手中收复大片土

地。公元1140年秋,岳飞率领军队在河南大败金兵,并准备把金兵赶回东北老巢。

当时宋朝内部分为主战、求和两派。秦桧是当朝最大的实权派,也是最富有的官僚。为了保全财产与官职,他主张尽快求和。求和的条件是除掉主战派代表岳飞。秦桧绞尽脑汁,终于有了办法。他利用高宗对自己的信任,首先进谗言,诬陷岳飞手下的将领张宪谋反,然后又诬陷岳飞之子岳云给张宪写过谋反信,是同谋。他还向高宗进言,说岳飞触犯了宋朝的祖宗家法,宋朝自建立起就力主文治,武官不得掌握大权。

于是,就在岳飞踌躇满志之时,皇帝连发十二道金牌,召他班师回朝。他和将帅

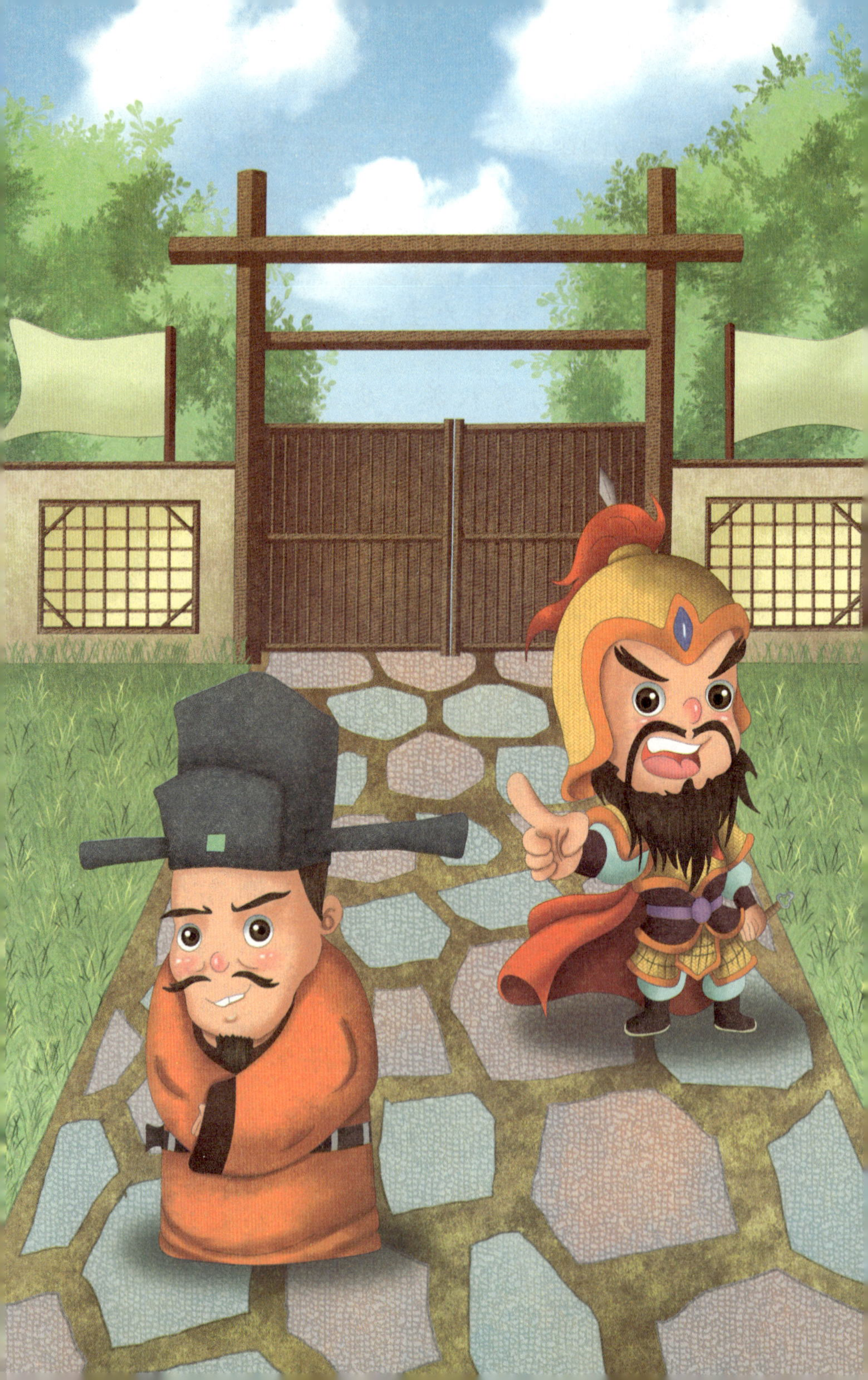

们收复国土的宏图大志也不得不半途而废。

因为这些被诬陷的罪名，岳云和张宪就稀里糊涂地被关进了监牢。接着，秦桧又借口质问岳飞几个问题，令他前往当时的国都临安。岳飞一到临安，就被捕入狱。

为了掩人耳目并处死岳飞，秦桧宣布岳飞、岳云和张宪共同策划谋反。抗金名将韩世忠对此愤愤不平，他质问秦桧："岳飞抗金，何罪之有？岳飞谋反，证据何在？"秦桧支支吾吾，作出了一个臭名昭著的回答："飞子云与张宪书虽不明，其事体莫须有。""莫须有"就是"大概有"的意思。

最后，听信谗言的宋高宗以"莫须有"的谋反罪状杀害了岳飞父子。

赵子龙一身是胆,
周灵王初生有须。

译文

赵云骁勇善战,被刘备称赞为"子龙一身都是胆";周灵王刚出生时就长有胡须,被人们认为是神圣。

三国名将赵子龙

赵子龙即三国时期蜀汉名将,他追随刘备,功绩卓著。

长坂坡大战中,赵云负责保护甘、糜二夫人和刘备儿子阿斗,但由于战斗混乱,赵云与他们走散了。于是,他带领三四十名随从去寻找,后来他在一堵矮墙边找到了糜夫人及其怀里的阿斗。但是,糜夫人已身受重伤行走不便,她把阿斗托付于赵云后,不顾赵云劝阻跳入一口枯井自尽。赵云把阿斗背在身上,只身入境。他闯入曹操万军包围圈中如入无人之境,曹操爱才心切,命部下不得放箭,赵云怀抱刘备的幼子阿斗,左砍右杀,来回冲杀,砍倒大旗两面、夺槊三条,杀死曹营名将五十余员。最后,赵云得以在数十万大军中背负阿斗安全杀出重围。

后来东吴君主孙权的妹妹嫁给刘备,孙权趁刘备出征西川之机,暗中派人驾船到荆州,骗取他的妹妹带上刘备的儿子阿斗返回东吴,想利用阿斗作人质,讨回被刘备借用不还的荆州。当时东吴的大船从上游顺流而下,很快就会进入吴境。赵云巡哨回来发现此事,便只身跳上小船追赶东吴的大船。当小船靠近大船时,他挥枪抵挡乱箭，又只身从小船跃上大船夺回阿斗。后遇张飞、诸葛亮接应，才脱离险境。在这场"争夺战"中，赵云再次显示出其"神胆"的本色。

之后赵云带兵进入西川，有一回见老将黄忠被曹操的兵马围困多时，便挺枪纵马杀入重围，连斩两名曹将，救出黄忠。面对追赶而来的曹营兵马，暗伏弓弩手，赵云又单枪匹马立于营门外，把曹兵杀得死伤无数。曹操见赵云英勇如初，不禁叹道："昔日当阳长坂英雄尚在！"

刘备听到赵云冲入重围救回黄忠的事情后，欣然对诸葛亮说："子龙一身都是胆也！"

已有十年不屈膝,惟郭公能摄强藩;
岂为五斗遽折腰,故陶令愿归故里。

译文

田承嗣很少向别人下拜,却向郭子仪屈膝跪拜,因为只有郭子仪能够使强大的外国屈服;陶渊明不愿为五斗米的俸禄而奉承上司,于是辞官归隐。

陶渊明不为五斗米折腰

陶渊明是东晋后期的大诗人、文学家,他的曾祖父陶侃是赫赫有名的东晋大司马、开国功臣;他的祖父陶茂、父亲陶逸都做过太守。但陶渊明生逢东晋末期,朝政日益腐败,官场黑暗。

陶渊明小的时候喜欢读书,有"济世救民"的志向,又很仰慕曾祖父陶侃,也想干一番事业。

陶渊明到了二十九岁后,才在别人的推

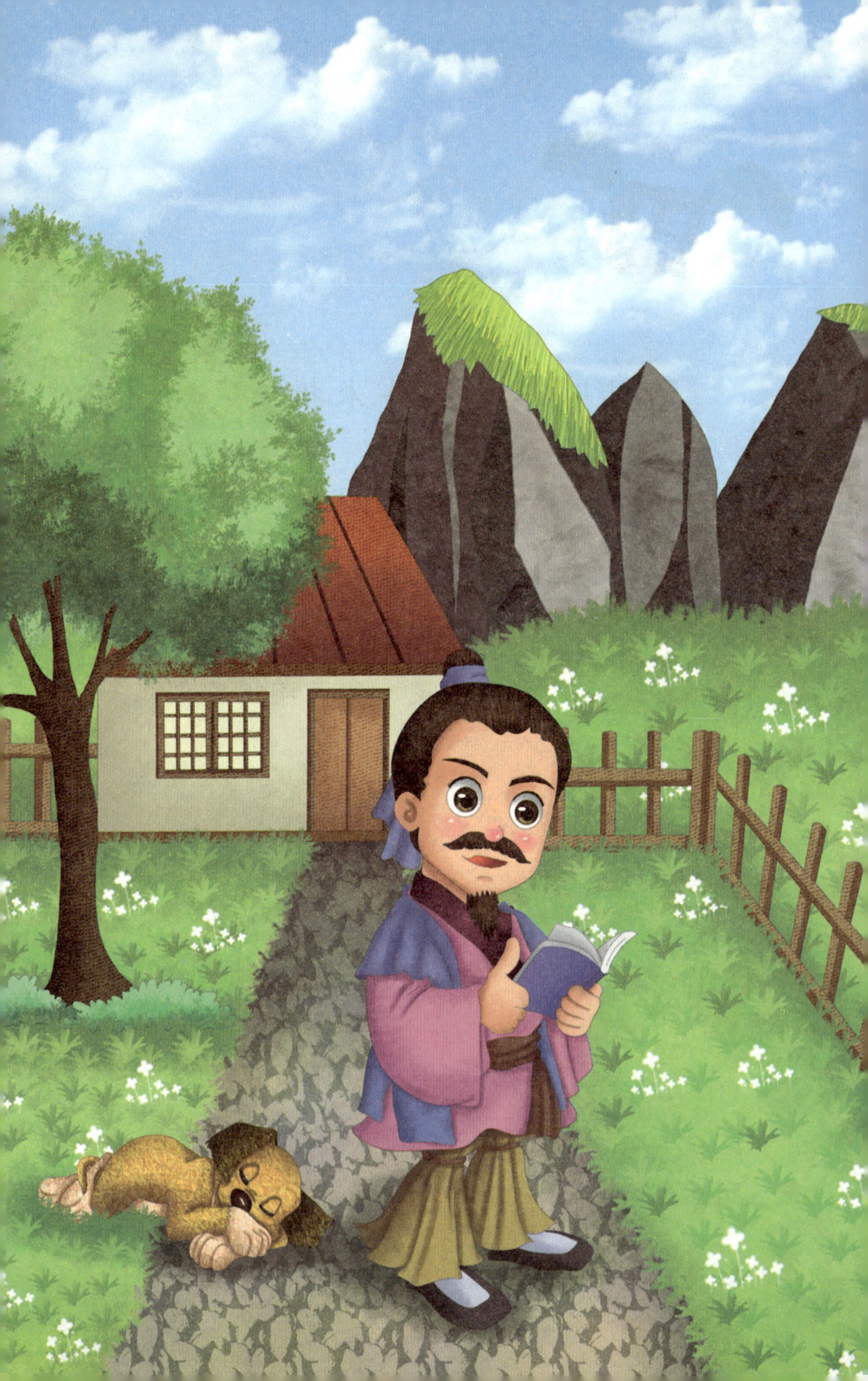

荐下,出任江州祭酒。但是,由于生性刚直,看不惯官场上的恶劣作风,更不愿与他们一起贪赃枉法,不久他就辞官回家了,随后州里又来召他作主簿,他也辞谢了。

后来,他曾受诏,陆续任过一些地方官职,但由于他淡泊功名,为官清正,不愿与腐败官场同流合污,因此他总是过着时隐时仕的生活。

陶渊明最后一次做官是出任彭泽县令。在他到任第八十一天时,浔阳郡派遣督邮来检查公务。浔阳郡的督邮是个以凶狠贪婪闻名远近的无耻之徒,他以每年两次巡视为名,向辖县索要贿赂,每次都是满载而归。如果不顺他的意,他就会栽赃陷害。当地县吏告诉陶渊明说："当束带迎之。"就是应当穿戴整齐、备好礼品、恭恭敬敬地去迎接督邮。陶渊明愤慨道："我怎么能为了县令的五斗薪俸，就低声下气地向这些小人行贿赂献殷勤？"说完他便挂冠而去，辞官归乡。此后，他一面读书为文，一面躬耕陇亩，自食其力，情愿过着贫困的生活，也不愿重新踏入黑暗污浊的官场。

他那"不为五斗米折腰"的气节，更是勉励后人以天下苍生为重，以节义贞操为重，不趋炎附势，保持善良纯真的本性，不为世上任何名利浮华而改变。

西子捧心，愈见增妍；
丑妇效颦，弄巧反拙。

译文

西施按着隐隐作痛的胸口，使她看起来更加美丽；丑貌的女子效仿西施按着胸口，皱起眉头，结果反而看起来更加丑陋。

故事链接

东施效颦

春秋时期,越国有一位美女名叫西施,无论举手投足,还是音容笑貌,样样都惹人喜爱,没有人不惊叹她的美貌。西施在河里浣纱的时候,有鱼从她身边游过,见到西施的美貌就忘了游水,沉到河底去了。所以,人们用"沉鱼"来形容西施的美貌。

有一段时间,西施的身体不好,犯了心痛的毛病。一次,她在河边洗完衣服准备回家,就在回家的路上,突然胸口疼痛。于是她用手按住胸口,皱着眉头。虽然她的样子看起来非常难受,但是却流露出了一种娇媚柔弱的女性美。见到她的村民们都在称赞,说她这样比平时更美丽。

西施同村有位名叫东施的女孩,她的长相并不好看。她平时动作粗俗,说话大声大气,却一天到晚做着当美女的梦,爱学漂亮姑娘的打扮、姿态和动作。她看到村里的人都夸赞西施用手按住胸口、皱着眉头的样子很美丽,于是也学着西施的样子——按住胸口,皱着眉头,在人们面前慢慢地走动,以为这样就会有人称赞她。哪知这丑女的矫揉造作使她的样子更难看了,让人更加厌恶。好多人看到之后,赶紧关上大门;还有些人则是急忙拉着妻子和孩子躲得远远的。

狐裘三十年，俭称晏子；
锦幛四十里，富羡石崇。

译文

一件狐狸皮毛做的衣服晏子穿了三十年，他的俭朴为人所称道；屏风摆了四十里，富人们都羡慕西晋的石崇。

石崇与王恺斗富

王恺是晋文帝司马昭文明皇后的弟弟，官拜右将军，颇得晋武帝的宠爱和器重。因为他大权在握，所以总是欺压百姓，聚敛财富。虽然他的权势高于石崇，但是在豪富方面却比石崇逊色多了。

石崇到洛阳后，听说王恺非常富有，就想跟他比一比。他听说王恺家里用饴糖水洗锅子，就命令自己家厨房用蜡烛当柴烧火。

王恺为了炫耀自己富有,就在他家门前的大路两旁,用紫丝编成屏障,一直延伸四十里地。谁要上王恺家,都要经过这四十里紫丝屏障,才能到达。这个奢华的装饰,轰动了整个洛阳城。石崇不服气,他用比紫丝更贵重的彩缎,铺设了五十里屏障,不仅比王恺的屏障长,而且更奢华。

王恺又输了一回。但是他不甘心,他向晋武帝请求帮忙。晋武帝觉得这样的比赛挺有意思,就把宫里收藏的一株两尺多高的珊瑚树赐给王恺,好让王恺在众人面前夸耀。有了皇帝帮忙,王恺来了劲头。他特地请石崇和一批官员上他家喝酒。

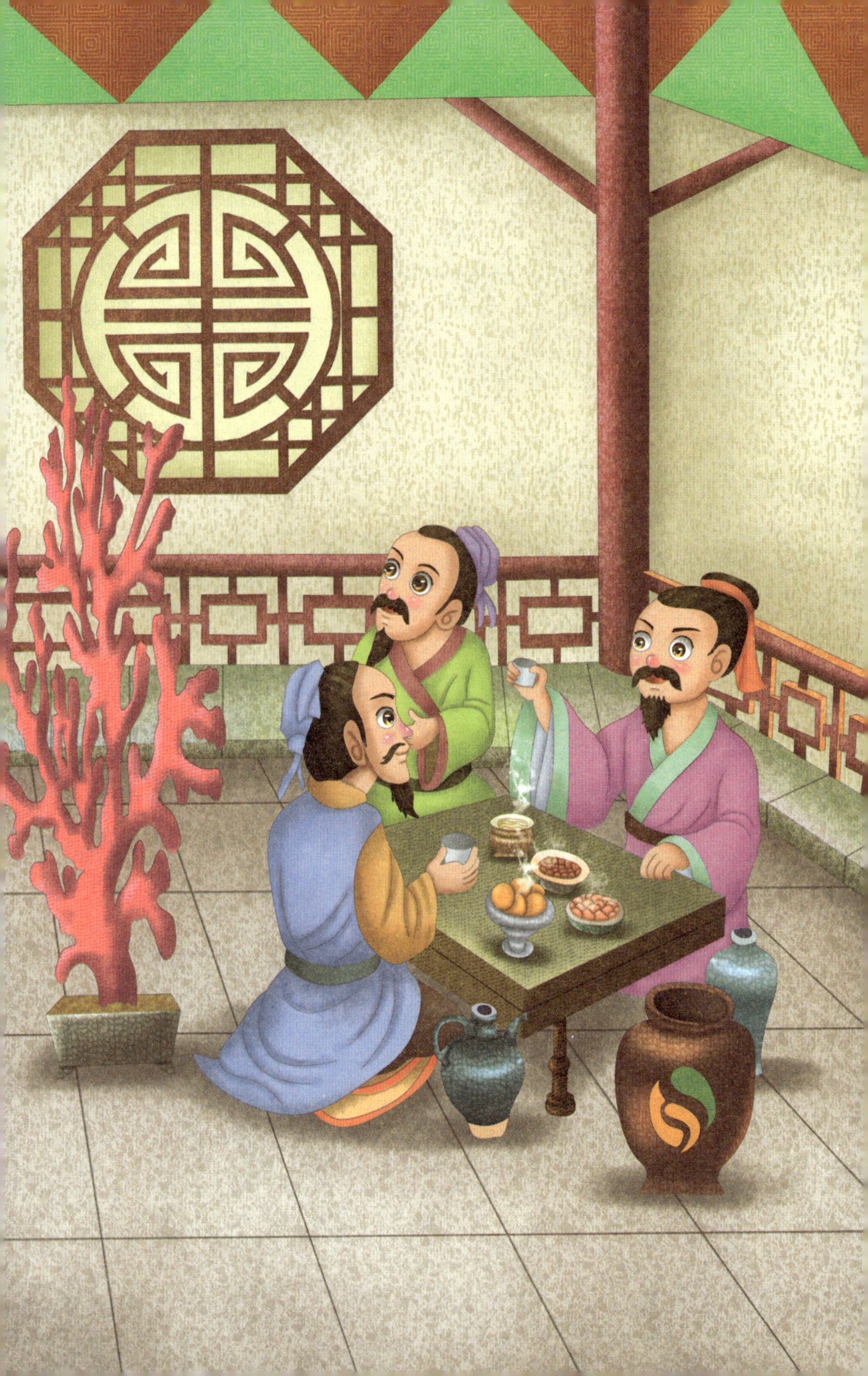

宴席上，王恺不无得意地对众人说："我家有一件罕见的珊瑚，请大家一起来观赏怎么样？"王恺边说边让侍女把珊瑚树捧了出来。那株珊瑚有两尺高，长得枝条匀称，色泽鲜艳。大家看了赞不绝口，都说是难得一见的宝贝。

石崇在旁边冷笑了一下，顺手抓起案头上的一支铁如意（一种挠痒痒器物），朝着大珊瑚树正中，轻轻一砸，那株珊瑚立刻就被砸得粉碎。周围的官员们都大惊失色，主人王恺更是气急败坏。

石崇不慌不忙地喊来他的随从，让他回家去，把家里的珊瑚树统统搬来让王恺挑选。不一会儿，石崇的随从们搬来了几十株珊瑚树。这些珊瑚中,三四尺高的就有六七株,大的竟比王恺的高出一倍,并且株株长得条干挺秀,光彩夺目。周围的人都看呆了。

王恺这才知道自己的财富远远比不上石崇,也只好认输了。

晋武帝死后,司马衷即位,不久便爆发了"八王之乱"。在战乱中,石崇因为财富太多而遭殃。

千金之裘，非一狐之腋；

绮罗之辈，非养蚕之人。

贵者重裀叠褥，贫者裋褐不完。

译文

价值千金的皮袍，不是一只狐狸腋下之毛就能缝制而成的。身着绫罗绸缎的人，都是富贵人家的人，而不是养蚕的人。富贵人家的衣被铺盖，用的都是重重叠叠的毯子褥子。贫穷的人有的连穿着的粗布衣衫都不完整。

故事链接

宋太祖教女节俭

宋朝的开国皇帝宋太祖赵匡胤不但自己生活勤俭节约,还严格教育子女在生活上也必须俭朴。要是看到子女有不勤俭节约的地方,他就会严厉教育。

有一次,他的女儿长公主穿着一件翠羽绣饰的华丽短袄去见他。宋太祖见了很不高兴,命令女儿回去后马上脱下,以后也不要再穿这样贵重的衣服了。

长公主很不理解,不高兴地说:"皇

宫里的翠羽有很多,我是一国的公主,一件短袄只用了一点点,这有什么要紧的呢?父皇也太小题大做了!"

宋太祖严厉地说:"正是因为你是一国的公主,所以才不能享用。你想想啊,你身为一国公主,穿了这样华丽的衣服到处去炫耀,别人就会效仿你。翠羽非常珍贵,这样一来,全国就要浪费多少钱财啊!你可知道,现在还有许多平民百姓吃不饱、穿不暖呢!按你现在的地位,生活已经够优越的了,你不能身在福中不知福啊!你应该以身作则,怎么可以带头铺张浪费呢?"

公主没办法,只好脱去那件美丽的翠羽

短袄。

又有一天,长公主看到宋太祖仍坐着一顶以前的旧轿子,便对宋太祖说道:"父皇,您做皇帝时间也不短了,怎么进进出出老是坐那一顶旧轿子呢?是不是也应该用黄金装饰装饰这顶轿子了?"

宋太祖回答说:"我是一国之主,掌握着全国的政权和经济,要把整个皇宫装饰起来也是非常容易办到的,何况只是装饰一顶轿子!可是古人说得好,'让一人治理天下,不能让天下人供奉一人'。我不应该那样做,倘若我自己带头奢侈,必然有更多的人学我的样子。到那时,天下的老百姓就会怨恨我、反对我。你说我能带这个头吗？"

长公主一边听着，一边琢磨着父亲的每一句话。她看了看皇宫里的装饰，都非常朴素，连许多窗帘都是用青布制作的。公主觉得父亲说的话确实很有道理，于是就诚心诚意地向父亲叩头，并对自己以前的奢侈行为感到后悔。

登龙门,得参名士;
瞻山斗,仰望高贤。

译文

"登龙门",说的是拜谒名人;"瞻山斗",说的是倾慕仰望高士贤人。

故事链接

鲤鱼跳龙门

禹治水来到了龙门山。这座山跟吕梁山相连,刚好挡住了黄河的去路。黄河的水流到这里就流不过去了,只好往上游流。这样就造成了洪水泛滥,把上游的许多地方都淹了。禹带着应龙他们凿开了龙门山,让它分跨在黄河的两岸。这两座山就像两扇门一样,让河水从中间奔流而下,所以这个地方取名为龙门。

禹要挑选能跃上龙门的钟灵毓秀之才

管理龙门。听到这个消息以后,东海中的鲤鱼成群结队地游向龙门。这里的景色十分优美,胜过蓬莱仙境。鲤鱼们看完都争着向禹报名应试。

禹一见这么多鱼都来参加,非常高兴,说:"鱼和龙本是同种而生,你们有谁能跃上龙门便会变成龙。"

鲤鱼们一听,立即鼓足劲,使尽平生气力向上跃去,没想到刚跳出水面一丈多高就跌了下来。但是它们并不灰心丧气,而是一个接一个地向龙门跃去。就这样七七四十九天过去了,还是没有一条鲤鱼能够跃过龙门。

禹见鲤鱼们这样锲而不舍,非常感

动,就点化它们说:"这么多群鱼啊!"有条金鲤鱼听了禹的话,有所领悟,对其他群鱼说:"禹说'这么多群鱼',不就是启发我们团结一致跃上龙门吗?"

群鱼高兴地欢呼起来:"谢谢禹!"鲤鱼们高兴得摇头摆尾,一条条鼓足了气力,用尾巴猛击水面,只听见击水的声音接连不断。鱼儿们一跃七七四十九丈高,在半空中一条鱼为另一条鱼垫身,喘口气,又是一跃七七四十九丈高。只差两丈了,禹决定帮助这些鱼,就用手扇过一阵清风,这阵风托着鲤鱼们跃上了它们日夜向往的龙门。

有条在最底下为其他鲤鱼垫背的金鲤

鱼,看着同伴们都跃过了龙门,只剩下自己还留在龙门脚下,非常着急。但它并没有气馁,而是想着如何才能借水力跃上龙门。

这时正好黄河水冲到河心的一块巨石上,浪花一溅几十丈高。金鲤鱼一看机会来了,就猛地蹿出水面,跃上浪尖,借着水力,一跃而起。没想到这一跃竟来到了天上,然后又落到了龙门之上,如同天龙下凡一般。

禹一见赞叹不已,于是在这条金鲤鱼的头上点了一下。霎那间,金鲤鱼变成一条金龙。禹命令这条金龙率领众鲤鱼看护龙门。从此,金鲤鱼也就成了吉祥的象征。

铭心镂骨，感德难忘；
结草衔环，知恩必报。

译文

将恩德刻在心里和骨头上，说的是感恩戴德永世不忘；编织草网，嘴里衔着玉环去报恩，说的是牢记恩德，知恩必报。

故事链接

结草报恩

春秋时期,晋国大夫魏武子有位爱妾祖姬,年轻貌美,还未曾给魏武子生下儿子,魏武子就去世了。

魏武子生病时嘱咐正妻生的儿子魏颗说:"我若死了,你一定要选良配把祖姬嫁出去。"

后来魏武子病重,

又对魏颗说:"我死之后,一定要让她为我殉葬,使我在九泉之下有伴。"等到魏武子死后,魏颗没有把祖姬杀死陪葬,而是把她嫁给了别人。其弟责问他为什么不遵照父亲临终之言,魏颗说:"人在病重的时候,神智是昏乱不清的,我嫁祖姬,遵照的是父亲神智清醒时的吩咐。"

公元前594年七月,秦桓公出兵伐晋,晋军和秦兵在晋地辅氏(今陕西大荔县)交战,晋将魏颗与秦将杜回相遇,二人厮杀在一起,正在难分难解之际,魏颗突然见一老人用草编的绳子套住杜回,使这位无人能敌的秦国大力士站立不稳,摔倒在地,当场被魏颗所俘。这使得晋军在这次战役

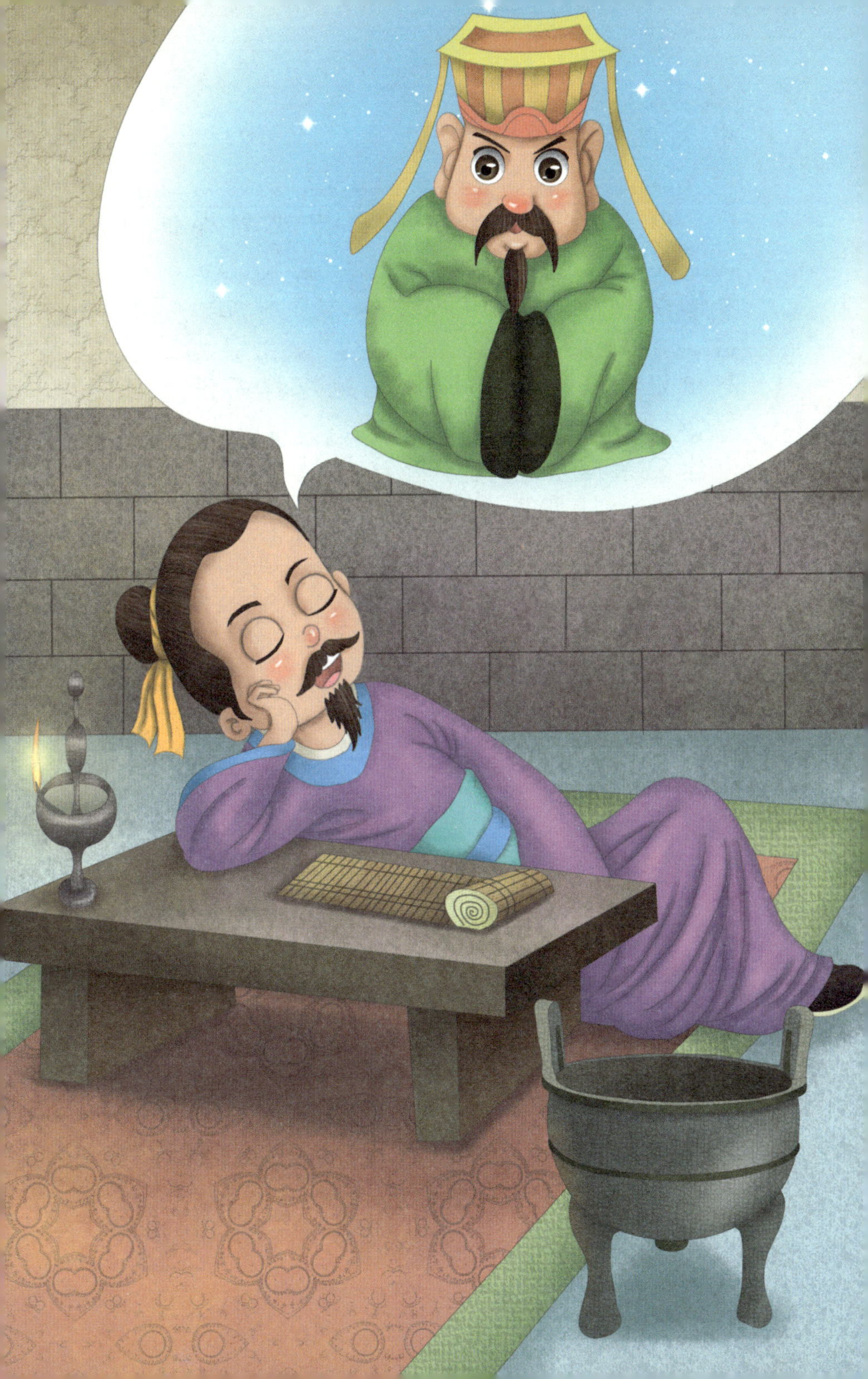

中大胜秦师。

收兵当晚,魏颗在梦中见到那位白天为他结绳绊倒杜回的老人,老人说:"我就是祖姬的父亲,感谢你把她嫁掉而没有让她为你父亲陪葬。我今天这样做是为了报答你的大恩大德!"

"结草"的典故流传至今,比喻感恩报德,至死不忘。

管中窥豹，所见不多；
坐井观天，知识不广。

译文

透过一根竹管来看豹子，所看到的当然不多；坐在井内观看天空，见识肯定不广。

夜郎自大

汉朝时期,在我国西南地区有个叫夜郎的小国家,它的国土很小,百姓也少,物产更是少得可怜。但是与邻近地区相比,夜郎这个国家最大。从没离开过自己国家的夜郎国国王就以为自己的国家是天下最大的国家。

有一天,夜郎国国王与部下巡视国境时,指着前方问道:"这里哪个国家最大?"

部下为了迎合国王的心意,于是就说:"当然是夜郎国最大!"

走着走着,国王又抬起头来,望着前

夜郎大国

方的高山问道:"天底下还有比这座山更高的山吗?"部下回答说:"天底下再没有比这座山更高的山了。"

后来,他们来到河边,国王又问:"我认为这可是世界上最长的河了。"部下仍点头赞同。

有一次,汉朝派使者来到夜郎,途中先经过夜郎的邻国滇国。滇王问使者:"汉朝和我的国家比起来哪个大?"

使者一听吓了一跳,他没想到这个小国家,竟然无知地自以为能与汉朝相比。更令人吃惊的是,后来使者到了夜郎国,骄傲又无知的夜郎国国王同样不知天高地厚问使者:"汉朝和我的国家哪个大?"

当知器满则倾,
须知物极必反。

译文

要知道容器装满了水,一定会倾覆出来;应知道事物到了极端,必然会转向反面。

曾国藩藏锋保身

俗话说,乱世出英雄。太平天国运动时期,曾国藩在湖南招募乡勇,训练出一支战斗力强悍的军队,称为"湘军"。这支军队在围剿太平天国的战斗中,承担了主要的角色,立下赫赫战功。当时,长江下游三千里的水面上,几乎所有的军船上都飘扬着湘军的旗帜,曾国藩的气势如日中天,天京陷落之后,他的威望更是达到了巅峰。

忍

然而,树大招风,在曾国藩的权势与日俱增的同时,来自朝廷和地方的各种非议和猜忌也从四面八方向他袭来。咸丰皇帝虽然对他委以重任,但也并非没有疑忌,这一点,曾国藩可谓心知肚明,如何解决这一问题,他心中自有盘算。

曾国藩此时虽然手握重兵,但亦不过是一个地方大员,力量实不足以与整个清政府相抗衡,明哲保身之道,只有谦退,如此才可以避免因功高震主而遭遇不测。他在给自己的弟弟曾国荃的一封信中说:"余家目下鼎盛之际,沅(指曾国荃,字沅浦)所统近二万人,季(指曾贞干,原名曾国葆,为曾国藩幼弟)所统四五千人,近世似弟者,曾有几家?日中则昃,月盈则亏。吾家盈时矣。管子云,斗斛满则人概之,人满则天概之。余谓天之概无形,仍假人手以概之。待他人之来概,而后悔之,则已晚矣。"这段话的大意就是说,我们曾家兄弟几人现在都手握重兵,处于鼎盛之际。但是,太阳升到了中天就会下落,月亮圆满了之后就会开始亏缺,斗斛满了人就会去把它刮平,而人的气势过盛了,上天就会将他削弱。上天是无形的,但是会假借他人之手来削弱过于强盛的人。如果等别人来削弱自己,那时后悔也就太晚了。

基于这种认识,曾国藩在平灭太平天国之后,还未等朝廷开口,就主动提出裁军。

曾国藩的考虑是——如果不进行裁军,朝廷会对自己产生疑忌,这是很不稳妥的;可是如果过度裁军,使得自己的实力荡然无存,那么朝野上下那些反对自己的力量就会乘机反扑,自己就断无还手之力。过大的兵权会给自己招来祸患,而适当的兵权则是自己的护身符。

在实力最为强盛的时候,曾国藩选择韬光养晦,最终远离凶险,稳居高位,全身而终,深为同僚和后人所钦佩和叹羡。

孟尝廉洁,克俾合浦还珠;

相如勇忠,能使秦廷归璧。

译文

孟尝廉洁,能够使已迁住别处的珍珠,又返回合浦生养繁殖。蔺相如忠勇,终于使秦国归还了和氏璧。

故事链接

孟尝还珠

东汉时期,孟尝为官清廉,又有才干,于是朝廷任命他为合浦太守。

合浦郡(今广西合浦县),多海产,尤其盛产珍珠,远近闻名。那里产的珍珠色泽纯正,又圆又大,一直誉满海内外,被人们称为"合

浦珠"。

沿海的渔民祖祖辈辈都是以采珠为生，由于采珠多，收益高，一些贪官污吏就打起了歪心思。他们乘机巧立名目设置各种苛捐杂税，盘剥采珠的渔民，甚至还诓骗人民过度开采珍珠，以捞到更多油水。结果，一味地采集捕捞，违背了珠蚌的生长规律，导致大珠蚌越来越少，剩下的都是些小珠蚌。渔民所能捕捞到的珠蚌不仅越来越小，还越来越少，这直接导致渔民的收入大大减少，甚至连买粮食的钱都没有了。不少人举家搬离，还有些贫苦的人都饿死了。

孟尝到任后,很快了解到民情疾苦。于是,他下令废除盘剥的苛捐杂税,并禁止渔民滥捕乱采。他严格规定了捕捞的时间,以及捕捞珠贝的大小,以便保护珠蚌资源。不到一年时间,珠贝的生存环境就变好了,渐渐大批珠贝又迁回了。随着珠贝的大量繁殖,珍珠产量又恢复到了原来的样子。渔民们都恢复自己的本业,商人开始来往,货物开始流通,老百姓的生活也由此安定下来。他们欢天喜地,把太守奉为神明,纷纷到太守衙门门前磕头拜谢,认为是他感动了上天,用神力召回了合浦珠。

历史上"合浦"曾改名为"廉州",

即寓"孟尝清廉"之意。孟尝的故乡曾改名为孟尝乡,他所在的村曾改名为还珠村,那里还建了还珠桥、孟尝祠(亦称还珠庙),以世代祭祀这位勤政惠民、廉洁奉公的好太守。

这就是"孟尝还珠"的故事,是我国著名的"二十四廉"故事之一。著名的成语"合浦还珠"就出自此。